RÉCITS
D'UN BON ONCLE

Le glacier de la Jung-Frau (Suisse).

RÉCITS

D'UN

BON ONCLE

SUR L'EUROPE,

L'ASIE, L'AFRIQUE, L'AMÉRIQUE ET L'OCÉANIE

IMITÉS DE L'ANGLAIS

PAR Mme DE MONTANCLOS

LIBRAIRIE DE J. LEFORT

IMPRIMEUR ÉDITEUR

LILLE   PARIS

RUE CHARLES DE MUYSSART   RUE DES SAINTS-PÈRES, 30

PRÈS L'ÉGLISE NOTRE-DAME   J. MOLLIE, LIBRAIRE-GÉRANT

AVERTISSEMENT

Ce livre a eu en Angleterre un véritable succès ; il remplissait parfaitement, d'ailleurs, le but que s'était proposé l'auteur : d'inspirer le goût de la géographie plutôt que de l'enseigner sérieusement.

M. Charles de Mareuil, après avoir passé toute sa vie loin de sa famille, à parcourir le monde, se décide enfin à renoncer à cette existence aventureuse. Revenu à Paris où habite son frère, il entreprend de faire aux trois enfants de ce dernier, le récit de tout ce qu'il a vu, de tout ce qu'il a appris dans ses voyages. Il les conduit donc avec lui dans tous les pays du monde ; en peu de mots, il trace la physionomie, les traits caractéristiques de chaque peuple, de chaque contrée ; il fait connaître les principales villes et ce qu'elles renferment de plus remarquable. Mais ces détails trouvent tout naturellement leur place au milieu des nombreuses et intéressantes aventures survenues au narrateur, que son humeur voyageuse entraîne sans cesse d'une contrée vers une autre. Les dangers qu'il a courus, les mille incidents qui toujours accompagnent ces pérégrinations lointaines, tiennent sans cesse l'attention en éveil.

La traducteur a dû écarter çà et là du texte anglais, soit pour le compléter, soit pour supprimer des détails qui n'avaient un intérêt particulier que pour la patrie de l'auteur.

Ces récits laisseront certainement dans l'esprit des jeunes lecteurs, avec des souvenirs très-intéressants, des impressions salutaires.

TABLE

RÉCITS

D'UN BON ONCLE

<hr>

LA FAMILLE DE MAREUIL

La famille de M. de Mareuil, inspecteur général des ponts-et-chaussées, se composait de
trois enfants : Louise, Paul et Jeanne.

Louise, l'aînée, âgée de douze ans, était une
petite personne vive, intelligente et passablement étourdie. Elle aimait tendrement ses parents, et portait une affection sincère et un peu
protectrice à son frère, et à sa jeune sœur, dont

le regard doux et limpide cherchait toujours son appui quand il ne pouvait recourir à celui de leur bonne mère.

Jeanne avait huit ans; c'était une heureuse enfant, caressée comme le sont toujours les derniers nés dans une famille bien unie, et rendant en grâces et en baisers toutes les petites gateries dont elle était l'objet.

Paul, charmant garçon de dix ans, avait un caractère à la fois vif et réfléchi. Il aimait à s'instruire; ses questions étaient toujours sensées, et les réponses ne manquaient jamais de lui être profitables, car elles étaient pesées par un esprit juste et appliquées par un cœur excellent. Il chérissait sa famille, trouvait son bonheur à secourir les pauvres et se faisait aimer de tout le monde.

Mme de Mareuil, femme pieuse et dévouée, avait eu le bonheur de conserver sa mère, qui demeurait avec elle, et toutes deux se consacraient à l'instruction des enfants, dont aucun n'avait encore quitté la maison paternelle. On n'aurait pu rencontrer un intérieur plus doux et plus heureux : l'amour de Dieu et du prochain, du devoir et de la vérité, gravé dans le cœur du père et de la mère de famille, servait de base à l’éducation des enfants, et tous trois respiraient l’esprit de la religion, en même temps qu’ils en recevaient les principes et qu’ils en avaient la pratique sous les yeux.

M. de Mareuil avait un frère qui, possédé de l’amour des voyages, était parti fort jeune, peu de temps après la mort de son père, pour parcourir le monde. Il n’était revenu dans son pays natal qu’à de courts intervalles, promettant toujours de renoncer à ses courses aventureuses, et ne pouvant résister à la première occasion qui se présentait de reprendre sa vie vagabonde.

Un jour, pourtant, une lettre de Charles de Mareuil annonça qu’il allait arriver, et que, cette fois, c’était décidément pour ne plus quitter la France. Grande joie dans toute la famille! L’oncle Charles était l’objet de toutes les conversations, et les questions des enfants ne tarissaient pas sur son compte. Il était difficile de répondre à toutes; huit années s’étaient écoulées depuis qu’on ne l’avait vu, et ce temps passé en pays étrangers avait dû apporter en lui beaucoup de changement.

Un soir, sortant de table, on était assemblé dans le salon, discourant sur le thème favori, lorsque la porte s’ouvrit brusquement. Un homme grand et maigre se précipita dans les bras de M. de Mareuil; c'était son frère Charles! Je n'entreprendrai pas de rendre la joie et les émotions de cette réunion si longtemps et si vivement désirée, ni les questions multipliées, ni les caresses que l'oncle, enchanté de se retrouver au cercle de famille, prodiguait à son neveu et à ses nièces en les admirant tour à tour; c'était une scène assez confuse, mais délicieuse dans sa confusion, surtout quand il fut bien avéré que Charles ne quitterait plus la France et qu'il allait provisoirement s'établir chez son frère.

« Que mon oncle est drôle! s'écria Louise, lorsque les deux frères se furent retirés ensemble. — Il paraît bien bon, dit Jeanne. — Oh, oui! ajouta Paul, et que de choses curieuses et intéressantes il aura à nous raconter. »

En effet, Charles de Mareuil avait un extérieur assez singulier, quoique ses traits fussent beaux et distingués, et sa physionomie pleine de bienveillance. Il était âgé d'environ quarante ans; ses cheveux noirs, imperceptiblement argentés, tombaient tout plats autour de son visage bronzé, et ses vêtements trop larges pendaient sur lui comme si une longue maladie eût fait disparaître son embonpoint. Il avait conservé de ses longs voyages en mer la marche dandinante dont on contracte l'habitude sur le pont d'un vaisseau, et son cou un peu tendu semblait porter une tête toujours avide de voir et d'observer. Cependant il n'avait rien de la brusquerie qu'on attribue trop généralement aux marins; au contraire, il était doux et poli, et toutes ses manières inspiraient la sympathie et la confiance.

Pendant les trois jours qui précédèrent le départ de M. de Mareuil pour sa tournée d'inspection, les deux frères ne se quittèrent pas; ensuite, Charles se mit à parcourir Paris, avec lequel il avait à refaire connaissance, et qu'il trouva bien changé; il ne pouvait se lasser de voir et d'admirer. En même temps il s'attachait de plus en plus à sa belle-sœur, à son neveu et à ses nièces, et c'était avec bonheur qu'il venait chaque jour prendre sa place à la table de famille.

Un soir, Louise travaillait près de sa mère; Jeanne dessinait des maisons (c'était son occupation favorite), et Paul, un livre à la main, demandait tout bas quelques explications à sa grand'mère.

« Mes enfants, dit l'oncle Charles, voulez-vous, avec la permission de votre mère et de votre grand'mère, que nous fassions ensemble le tour du monde? »

MAPPEMONDE

en deux Hémisphères.

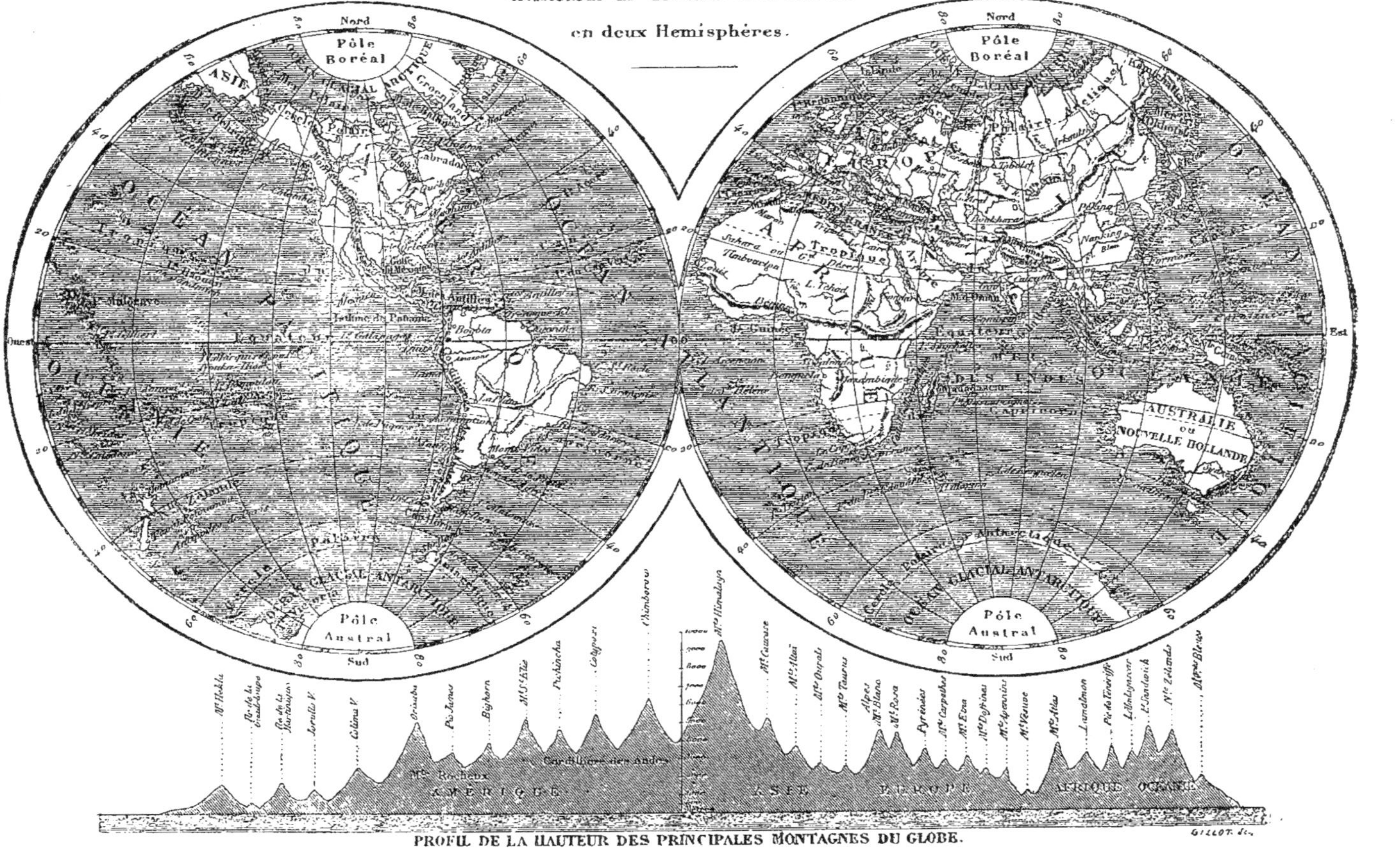

PROFIL DE LA HAUTEUR DES PRINCIPALES MONTAGNES DU GLOBE.

Jeanne ouvrit de grands yeux. « Comment cela, mon oncle, s'écrièrent à la fois Paul et Louise ? — Allez chercher votre atlas, ouvrons-le à la carte qui représente la sphère, et nous commencerons notre voyage ! »

Paul courut chercher son atlas; Louise, pour mieux écouter, laissa tomber son ouvrage sur la table, et Jeanne vint se blottir entre les jambes de son oncle, qui la prit sur ses genoux.

« Mes enfants, vous savez, dit l'oncle Charles, pas toi cependant, ma petite Jeanne, que la terre est ronde, qu'elle tourne sur elle-même, puis autour du soleil, et qu'elle est suspendue dans l'espace comme un de ces jolis ballons roses dont vous vous êtes si souvent amusés. Si vous étiez dans la lune, et que vous pussiez voir l'ensemble de notre globe, vous trouveriez que sa surface est partagée en vastes portions d'eau et de terre. D'un côté vous verriez un hémisphère contenant l'Europe, l'Asie et l'Afrique; de l'autre, le second hémisphère, contenant l'Amérique septentrionale et l'Amérique méridionale, découvert beaucoup plus tard. Nous pouvons prendre sur la carte une idée de ces deux hémisphères. Vous savez que le haut est le *Nord,* que le bas est le *Sud* ou *Midi,* qu'à la droite est l'*Orient,* et à la gauche l'*Occident*. La même règle s'applique à toutes les cartes.

L'Europe, l'Asie, l'Afrique et l'Amérique sont des terres ; le reste de la surface du globe est de l'eau, appelée mer, excepté les îles, que l'on trouve en grand nombre dans plusieurs parties de l'Océan.

L'Europe est une vaste région et la plus peuplée du monde. Quoique son étendue ne soit que du tiers de celle de l'Afrique, elle contient quatre fois plus d'habitants, et six fois plus que toute l'Amérique. On y compte un nombre considérable de grandes villes, dans lesquelles se trouvent de magnifiques palais, de superbes églises, et une infinité de monuments dont plusieurs sont très-anciens et très-curieux ; elle est divisée en quantité de pays et de royaumes très-différents les uns des autres. Les peuples qui habitent ces divers pays portent des vêtements et parlent des langues qui ne se ressemblent pas. Il suit de là qu'on arrive souvent dans un pays sans comprendre personne et sans être compris, ce qui est fort gênant et fort désagréable.

La Russie est, en territoire, la plus vaste contrée de l'Europe. La France, notre patrie, en est une des plus fertiles et des plus favorisées par sa température. Notre langue est répandue dans presque tous les autres pays.

Les contrées du nord de l'Europe sont très-froides. En Norwége, en Suède, en Danemarck et dans toute la partie supérieure de la Russie, les hivers sont excessivement rigoureux, et l'on est obligé de se vêtir de peaux et de fourrures.

La Prusse touche à la Russie; mais les Prussiens n'ont aucun rapport avec les Russes, ils sont Allemands, et c'est un peuple très-militaire. La plus belle partie de l'Allemagne et toute la Hongrie appartiennent à l'Autriche.

Une longue chaîne de hautes montagnes, appelées les Alpes, séparent l'Allemagne et les autres contrées du Nord des contrées méridionales. Au milieu de ces hautes montagnes vivent les Suisses : c'est un peuple pauvre, hardi et grand chasseur. Les Suisses sont fiers et remarquables par leur amour du pays.

La Hollande forme un contraste frappant avec la Suisse; c'est un pays si plat, qu'on n'y voit pas une colline, et les parties qui avoisinent les côtes sont plus basses que la mer, dont on prévient les inondations par des digues construites à grands frais et avec des peines inouïes.

L'Italie est un pays délicieux, patrie des lettres

et des arts. Rome, autrefois capitale du monde civilisé, est maintenant la résidence du Pape et la capitale du monde catholique.

Les Espagnols et les Portugais sont presque le même peuple, quoique leurs usages et leurs coutumes diffèrent notablement. Les Espagnols sont braves, sobres, mais s'occupent peu d'industrie et de commerce.

Les Turcs ou Ottomans, autre peuple du Midi, suivent la religion du faux prophète Mahomet, et pour cette raison on les appelle Mahométans. Ils sont très-fanatiques dans leur croyance. Leurs mœurs et leurs coutumes sont entièrement différentes de 'celles des autres peuples de l'Europe et ressemblent plutôt à celles des Asiatiques. Ils détestent les Chrétiens.

Les Grecs, qui habitent le sud de la Turquie, étaient autrefois une nation fameuse. Ils sont maintenant en petit nombre; mais en dépit de toutes les persécutions et des cruautés des Turcs, qui avaient, il y a fort longtemps, conquis leur pays, ils n'ont pas abandonné la religion chrétienne et sont très-fiers de leurs ancêtres.

Demain, mes enfants, nous commencerons notre voyage. Je crains de vous avoir un peu ennuyés aujourd'hui; mais il m'a paru nécessaire de commencer par vous donner un aperçu des pays et des peuples de l'Europe, afin que mon récit ait ensuite plus d'intérêt.

Jeanne, qui avait écouté de toutes ses oreilles, regardé de tous ses yeux, fut alors avertie que l'heure du coucher était arrivée pour elle. Quittant sans murmure les genoux de son oncle, elle distribua des baisers à la ronde, et suivit sa mère, qui lui fit faire sa prière et la mit au lit. La petite fille s'endormit en pensant à tous les peuples de l'Europe et surtout à la terre que l'on disait soutenue dans le ciel comme un ballon rose. Les deux autres enfants adressèrent une foule de questions à leur oncle, dans la demi-heure qui leur était encore accordée, et le remercièrent vivement de la bonne leçon qu'il leur avait donnée.

Louise et Jeanne couchaient dans la même chambre. Le lendemain matin, la dernière guettait depuis longtemps le réveil de sa sœur; lorsque celle-ci ouvrit les yeux, « Louise!... » s'écriat-elle aussitôt. Louise n'était pas bien disposée.

« Ah! Jeanne, que tu es ennuyeuse! dit-elle, je voulais me rendormir; laisse-moi donc tranquille. » Jeanne se tut, mais Louise ne se rendormit pas. Au bout de quelques minutes, elle-même adressa la parole à sa sœur : « Voyons, dit-elle, que me voulais-tu?

— Rien, ma petite Louise, répondit Jeanne timidement; je ne veux pas te déranger.

— Tu ne me dérangeras pas; c'est que, vois-tu, j'étais mal éveillée. Viens m'embrasser. »

Jeanne vint, l'embrassa tendrement.

« Savais-tu, lui dit-elle, que la terre est ronde?

— Oui, je le savais.

— Et qu'elle tourne toujours, et autour du soleil, encore?

— Sans doute, on me l'avait dit.

— Mais comment donc cela se fait-il?

— Je l'ignore; mais je sais que cela est, parce que Dieu le veut.

— Oui, dit Jeanne en secouant sa petite tête blonde, mais je ne le comprends pas du tout.

— Attends, dit Louise, je vais essayer de te montrer comment la terre tourne sur elle-même et autour du soleil. »

Et, prenant un bilboquet qui se trouvait là, elle en ôta la corde, passa dans le trou de la boule une aiguille à tricoter, et la fit tourner sur l'aiguille comme la terre sur son axe; puis, faisant tourner en même temps la boule autour du pot à l'eau qui était sur une table, « Tiens, dit-elle à sa sœur, suppose que ce pot à l'eau est le soleil; tu sais comme le soleil est brillant....

— Quand il ne pleut pas comme hier, interrompit Jeanne.... — et comme il nous échauffe et nous éclaire, continua Louise; eh bien, nous tournons, c'est-à-dire, la terre sur laquelle nous sommes tourne ainsi autour de lui; et comme elle tourne en même temps sur elle-même de même que la boule sur l'aiguille à tricoter, quand l'endroit que nous habitons se trouve en face de ses rayons, nous avons le jour; quand il est du côté opposé, nous avons la nuit. Comprends-tu cela?

— Oui, je comprends très-bien ce que tu me dis et ce que je vois; mais tu es obligée de tenir la boule, et si tu la lâchais elle tomberait; comment la terre reste-t-elle en l'air sans que personne la tienne?

— Personne, Jeanne?... et le bon Dieu?... Il dit : Je veux qu'elle y reste, et cela suffit.

— C'est vrai! comme le bon Dieu est puissant! Mais Louise, dis-moi donc comment il se fait qu'il y ait tant d'eau sur la terre sans que nous y tombions, et ce que c'est que les îles qui sont dans la mer, comme mon oncle le dit. »

Louise versa de l'eau dans sa cuvette et tailla un grand morceau de papier qu'elle posa sur l'eau en le faisant toucher au bord de la cuvette, puis ensuite elle mit au milieu de l'eau plusieurs petits morceaux de papier. « Tiens, dit-elle, suppose que ce grand morceau de papier est l'Europe ou l'Asie, et qu'il y a dessus beaucoup de villes, d'arbres et de maisons; cela s'appelle un continent; et tous ces petits morceaux de papier sont des îles, parce qu'ils sont entourés d'eau de tous les côtés et qu'on ne pourrait y aller sans bateaux. Et, ma petite Jeanne, si la mer ne passe pas par dessus toutes ces terres et ne noie pas tous ceux qui habitent les maisons, c'est seulement aussi parce que Dieu ne le veut pas et qu'il arrête la mer quand elle veut aller trop loin. Nous n'en connaissons pas une autre raison.

— Merci, Louise, dit Jeanne après avoir réfléchi un moment; je tâcherai de ne pas oublier tout ce que tu m'as appris.

— Te rappelles-tu le nom des pays dont mon oncle a parlé?

— Non, dit Jeanne tristement.

— Eh bien! je vais te les répéter tous, et tu tâcheras de ne plus les oublier.

Les deux sœurs s’embrassèrent tendrement, et Louise, contente d’avoir ainsi réparé le mouvement d’humeur qu’elle avait eu, se hâta de s’habiller, puis de faire sa prière, et d’aller souhaiter le bonjour à sa mère et à sa grand’mère, avant de se mettre à ses devoirs.

RÉCITS SUR L'EUROPE

Lorsque le cercle de famille se fut réuni le soir autour de l'oncle Charles, celui-ci prit, comme la veille, Jeanne sur ses genoux, et ayant ouvert l'atlas à la carte d'Europe, il engagea son jeune auditoire à la regarder attentivement, depuis la mer du Nord jusqu'à la Méditerranée, et depuis l'Océan Atlantique jusqu'aux confins de la Russie d'Europe; puis il leur parla en ces termes :

« Le vaisseau sur lequel je me suis embarqué, à l'âge de vingt ans, pour commencer ma carrière aventureuse, se rendait en Amérique, et cette partie du monde est la première que j'aie visitée; mais comme j'y suis allé plusieurs fois et que j'y ai passé les huit dernières années qui viennent de s'écouler, je ne vous en parlerai pas encore, et je vous entretiendrai d'abord de l'Europe.

Je m'étais embarqué à Boston, sur un vaisseau commandé par le capitaine Williams, dans l'intention de me rendre en Angleterre, et nous suivîmes pendant quelques jours la direction de l'Orient; la mer sur laquelle nous voguions se nomme l'Océan Atlantique. Bientôt nous fûmes assaillis par un violent orage, et je vous assure qu'il n'est nullement commode de se trouver sur mer en pareille occurrence. Les eaux se trouvent tout à coup dans une extrême agitation ; les vagues s'élèvent et roulent les unes sur les autres, et le vaisseau, ballotté, poussé dans tous les sens, est précipité et soulevé avec une extrême violence. Tout, alors, devient tumulte et confusion. Le capitaine appelle les matelots, le vent siffle à travers les cordages, les voiles flottent et se tordent, les mats crient, et l'Océan rugit : c'est une scène et un bruit horribles.

Telle était notre position. Je fus d'abord fort effrayé en voyant de loin de grandes masses de glace, appelées en anglais *icebergs;* parce que je savais que notre vaisseau pouvait être poussé et mis en pièces contre ces redoutables montagnes. Tandis que nous étions dans cette cruelle position, la nuit arriva, et nous perdîmes l'espoir de voir un autre matin. Dieu nous délivra de cet affreux péril. Le matin vint, et nous étions sauvés.

Cependant nous eûmes le chagrin d'être témoins

du naufrage d'un autre vaisseau qui se trouvait assez près de nous. Nous nous dirigeâmes de son côté, et nous aperçumes sur le pont un homme qui nous appelait, levait les bras et demandait en criant du secours; mais les vagues étaient encore hautes et mugissantes, et le pont fut bientôt couvert d'eau. Ce pauvre homme nous inspirait une grande pitié; malgré les difficultés et le danger, nous fîmes tous nos efforts pour le sauver, et nous réussîmes enfin à le transborder sur notre navire.

C'était un Italien, et il se nommait Léo. J'avais mis beaucoup d'ardeur à le secourir, et il pensa toujours qu'il me devait la vie. Léo était un singulier homme, et dans le cours de mes histoires, j'aurai souvent à vous parler de lui. Il était capitaine du vaisseau qui venait de périr corps et bien.

Nous continuâmes alors notre voyage, mais bientôt le vent cessa entièrement de souffler. Le calme devint complet, et notre vaisseau resta immobile sur les eaux. Le soleil brillait, le ciel était pur, les vagues qui avaient été si furieusement agitées se tenaient en repos, et les eaux bleues de l'Océan s'étendaient à une grande distance, aussi unies qu'un miroir. Des milliers de marsouins se jouaient à leur surface, et plusieurs baleines se montraient à distance. Ah! pensais-je, que l'Océan est doux et paisible dans le calme, mais qu'il est effrayant pendant l'orage!

Enfin, il s'éleva un vent favorable; nous continuâmes notre voyage, et trente jours après avoir quitté Boston, ayant parcouru environ mille lieues, nous approchâmes des côtes de l'Angleterre. Regardez sur la carte, et vous verrez une sorte de canal, entre la France et l'Angleterre, appelé le Pas-de-Calais; nous traversâmes ce canal, et nous entrâmes dans l'embouchure de la Tamise, la plus large rivière de l'Angleterre. En remontant ce fleuve, nous ne pûmes revenir de notre surprise, à la vue de la multitude de vaisseaux qui montaient et descendaient la rivière.

Nous arrivâmes à Londres, la plus grande ville de l'Angleterre et l'une des plus grandes du monde. A l'endroit où notre vaisseau s'arrêta, il se trouvait un si grand nombre d'embarcations diverses, que leurs innombrables mats ressemblaient à une immense forêt. Il n'y avait pas encore alors beaucoup de bateaux à vapeur, d'ailleurs bien utiles et bien commodes, mais qui ne sont pas, à beaucoup près, aussi élégants et aussi majestueux que les vaisseaux à voiles.

En regardant tous ces navires, je me disais :
« Que de services ils rendent ! Ils apportent à
l'Angleterre les produits de tous les autres pays ;
ils emportent ceux de ses nombreuses manufactures dans toutes les parties du monde, et ils
établissent et entretiennent le commerce avec tous
les peuples. »

La population de Londres est immense ; elle est
de plus de deux millions d'âmes. Nous vîmes d'abord
la Cité, où la foule est toujours très-grande, et
où les embarras de voitures sont continuels. C'est
là que se trouve l'église Saint-Paul, bâtie sur le
modèle de Saint-Pierre de Rome. Je visitai ensuite
avec Léo, qui connaissait déjà Londres, le palais
de Saint-James, et Westminster's abbey ; grande
et magnifique église, bâtie il y a plusieurs siècles.
C'est dans cette église que sont couronnés les rois
et les reines d'Angleterre, avec beaucoup de pompe
et de cérémonie ; c'est là aussi qu'on les inhume,
ainsi que la plupart des grands hommes qui
ont illustré le pays. Nous y vîmes la chapelle où
sont conservés les reliques de saint Edouard, roi
d'Angleterre.

Nous visitâmes ensuite la Tour, autrefois prison
d'Etat, où grand nombre de personnes célèbres ont
été exécutées publiquement ou mises à mort en

secret. Nous y vîmes une ménagerie de bêtes féroces, entre autres de lions et de tigres, qui depuis ont été transportés au jardin zoologique de Londres. On conserve aussi dans la Tour plusieurs couronnes et de sceptres ornés de perles et de joyaux d'un grand prix, portés naguère par les rois et reines d'Angleterre.

Voici une triste histoire, arrivée il y a bien longtemps dans cette sombre Tour. Un jeune prince anglais, fils d'Edouard IV, venait de succéder à son père et s'appelait Edouard aussi; il n'avait que douze ans. Ce pauvre petit roi avait un très-méchant oncle, appelé Richard, et surnommé le Bossu, car il était aussi laid et aussi contrefait que méchant. Ce Richard le Bossu voulait être roi lui-même, et, sous quelque prétexte, il enferma dans la Tour le jeune roi et son frère Richard, qui n'avait que neuf ans. Puis il envoya deux scélérats comme lui, qui étouffèrent les deux pauvres enfants dans leur lit. Les deux frères s'aimaient tendrement et moururent dans les bras l'un de l'autre. A la suite de cet horrible attentat, Richard se fit proclamer roi sous le nom de Richard III; mais l'usurpateur ne régna pas longtemps et fut tué dans une grande bataille.

Voyez, mes enfants, comment les grandeurs

sont périlleuses ! Si Edouard et Richard fussent nés, comme vous, dans la médiocrité, leur sort n'aurait fait envie à personne, et peut-être ils eussent vécu longtemps heureux ensemble.

Nous allâmes nous promener dans les parcs, qui sont ce que je trouve de plus agréable dans cette immense capitale. Tout y est réuni pour charmer ceux qui préfèrent à tout les beautés de la campagne, puisqu'ils contiennent, non-seulement des jardins d'agrément, de belles allées, des fleurs et des bocages, mais encore de grandes pièces d'eau, des prairies où paissent des bestiaux, des arbres magnifiques, et de larges routes pour les équipages et pour les cavaliers ; en sorte que l'on peut se retirer dans un endroit solitaire, regarder paître tranquillement les troupeaux, ou s'amuser, comme aux Champs-Elysées, à voir défiler les chevaux et les voitures. Il y a des cygnes sur les pièces d'eau ; mais l'hiver, quand elles sont gelées, il s'y réunit un nombre infini de patineurs, qui récréent par leur agilité, la variété de leurs poses, la prestesse de leurs courses et quelquefois aussi l'originalité de leurs chutes. Le jardin zoologique est très-curieux à visiter ; les bêtes féroces, les animaux paisibles, les oiseaux et les fleurs les plus rares et les plus fraîches y sont rassemblés de tous les pays du monde.

Je n'étais que depuis quelque temps dans le jardin, lorsque, par hasard, je mis la main dans ma poche : ma bourse n'y était plus. Je cherchai alors ma montre, dans la poche de mon gilet; elle avait aussi disparu. Il était clair qu'on m'avait volé, mais qui? et comment? je ne pouvais le dire. La chose avait été faite avec tant d'adresse et de promptitude que je ne m'en étais pas aperçu. Je ne fis aucun bruit, mais je résolus d'être plus prudent à l'avenir. Seulement, croyez-en mon conseil; si vous allez jamais à Londres, prenez garde à votre montre et à votre porte-monnaie!

Ce jour-là, il était fort tard lorsque Léo et moi nous reprîmes le chemin de notre hôtel. Comme nous passions dans une rue étroite, nous crûmes entendre les gémissements d'une personne en proie à de vives douleurs. Ils paraissaient partir d'une petite maison, devant laquelle nous nous arrêtâmes pour écouter. Nous nous aventurâmes même à frapper à la porte d'une chambre du rez-de-chaussée, d'où les sons semblaient venir; mais personne ne parut, personne ne répondit. Alors je poussai la porte, et elle s'ouvrit. Il y avait dans la chambre une petite lampe qui répandait une faible lumière, et une femme mourante était étendue sur un misérable grabat. A ses côtés étaient deux enfants, l'un de six ans environ, l'autre pouvait en avoir sept ou huit. Le plus jeune dormait ; mais l'autre était éveillé, et baisait en gémissant et en pleurant la joue pâle et froide de sa mère.

Je courus dans la rue, demandant à grands cris du secours ; personne ne répondit. Je frappai à la porte de plusieurs maisons des environs; personne ne vint. Nous retournâmes près de la pauvre femme, elle était morte. Léo et moi nous attendîmes jusqu'au jour, et alors nous trouvâmes quelques personnes charitables, qui prirent soin des enfants, et la mère fut décemment enterrée. Il paraît qu'elle était morte de faim, et dans une ville aussi riche que Londres !

En voyant les besoins de nos semblables, nous devons être pleins de reconnaissance envers Dieu des biens qu'il nous a départis, et les employer, même en nous imposant quelques privations, au soulagement des malheureux. »

Cette mort de la pauvre femme avait attristé les enfants; Paul, surtout, avait les larmes aux yeux. Mme du Plessis, la mère de Mme de Mareuil, prit la parole :

« Vous savez, dit-elle à son petit fils, que des malheurs de fortune m'ont décidée à passer

quelques années en Angleterre dans des familles
où j'étais gouvernante, et j'y ai fait beaucoup
d'amis que je conserve encore. J'ai trouvé dans
ce pays une grande charité. Je vivais parmi des
catholiques qui, tous, avaient établi dans leur
terre une école de pauvres enfants, dont ils
payaient l'institutrice, qu'ils entretenaient à leurs
frais, qu'ils surveillaient, qu'ils visitaient souvent.
Plusieurs fois dans l'année, on donnait des fêtes
aux enfants de l'école, et le maître ou la maî-
tresse du château y allait avec ses enfants, qui
participaient à la fête, en servant eux-mêmes le
thé, les gâteaux, et toutes les friandises qui com-
posaient le goûter. Je les ai vus aider à ranger
les tables, les bancs, mettre les plats sur la
table, etc., etc., et adresser des paroles aimables
et encourageantes aux enfants, y joignant quelques
récompenses pour ceux qui s'étaient distingués par
leur bonne conduite.

On allait souvent visiter les pauvres. Les enfants
amassaient avec joie leurs petites épargnes, pour
acheter des sirops, des oranges, qu'ils allaient
porter aux malheureux avec des paroles conso-
lantes.

J'ai connu, mes enfants, une petite fille de huit
ans, qui était élevée dans l'exercice de la charité,

plus encore par les exemples que par les leçons
de ses parents, et qui semblait en avoir porté le
germe dans son cœur, avant même qu'on lui en
eût appris les préceptes. Cette petite fille s'appelait Agnès.

Elle alla passer quelque temps à Scarborough,
délicieux port, à l'est de l'Angleterre, où l'on prend
les bains de mer, et dont les environs sont aussi
pittoresques que la mer y est belle. On y trouve
quantité de pierres précieuses, telles que corna-
lines, agathes, onix, etc., que la marée montante
dépose sur le rivage, et de jolis cailloux en plus
grand nombre encore, qui reluisent dans l'eau,
de manière à tromper sur leur valeur, et que l'on
ramasse avec empressement, quand on ne sait pas
encore distinguer le prix des choses. Agnès en
avait une collection dont la possession la charmait.

Un jour, en se promenant sur le sable avec sa
bonne, elle vit une petite fille, à peu près de
son âge, qui tenait à la main une soucoupe remplie de jolies pierres, qu'elle offrait aux passants
en les priant de les lui acheter. L'enfant était
gentille ; Agnès et sa bonne la questionnèrent, et
apprirent par ses réponses qu'elle avait beaucoup
de frères et sœurs, que ses parents étaient bien
pauvres, et qu'elle vendait, pendant la saison des

bains, les pierres qu'elle cherchait le matin de bonne heure, sur les bords de la mer, afin d'amasser l'argent nécessaire pour payer ses mois d'école pendant l'hiver. Agnès, qui était très-laborieuse et aimait beaucoup à s'instruire, prit un grand intérêt à la petite fille et approuva beaucoup l'emploi qu'elle faisait de son argent.

Le lendemain, la bonne d'Agnès vit l'excellente enfant examiner longtemps tous les jolis cailloux auxquels elle attachait tant de prix, les enlever du réservoir où elle les gardait, puis les essuyer l'un après l'autre et en faire un paquet soigneusement enveloppé.

« Que voulez-vous faire de ces pierres? lui demanda la bonne.

— Je vais, dit Agnès, les donner à la petite fille, afin qu'elle les vende et qu'elle ait plus d'argent pour payer ses mois d'école. »

Cette enfant si charmante et si aimée est devenue une jeune fille parfaite, et maintenant elle s'est consacrée à Dieu dans un des ordres les plus austères : les Clarisses.

Je veux aussi vous raconter un trait, non absolument de charité, mais de charitable justice, de la première de mes élèves en Angleterre.

Le caractère de Marie (c'était son nom) laissait

alors à désirer; elle était originale comme on l'est souvent dans son pays, et ses originalités, n'étant pas toujours comprises, la rendaient difficile à gouverner; mais vous allez juger des qualités de son cœur. Elle avait alors près de seize ans.

Nous étions à Scarborough; son père, qui n'économisait que pour faire de grandes charités, ne lui avait donné pour ses petites fantaisies, qu'une pièce d'or appelée livre et qui vaut vingt-cinq francs de notre monnaie. Il y avait à Scarborough d'assez jolies boutiques, et Marie eut bientôt presque employé sa pièce d'or en petits souvenirs qu'elle destinait à ses frères et sœurs demeurés à la campagne. Pour elle-même, elle ne dépensa rien. Il lui restait une demi-couronne, ce qui fait trois francs vingt-cinq centimes, et elle rêvait à quelque emplette qui pût plaire à une de ses petites amies.

Un matin, comme elle revenait d'une promenade avec sa femme de chambre, celle-ci, en voyant une vieille femme assise derrière une petite table sur laquelle étaient rangées des pierres et des branches de corail blanc, dit à Marie : « Voici une vieille marchande à laquelle Mlle Anna a fait bien du tort hier, sans le vouloir. Elle a accroché avec son manteau une des branches de corail de cette pauvre femme, la branche est tombée et s'est cassée en morceaux. »

Marie était parente d'Anna, qui se trouvait aussi alors à Scarborough, et dont le cœur était excellent; mais comme sa famille très-nombreuse avait peu d'aisance, on ne lui donnait pas d'argent.

« Mais, dit Marie à sa femme de chambre, Anna n'a-t-elle pas payé la branche de corail?

— Non, mademoiselle, elle ne le pouvait pas; elle s'est seulement excusée et s'est hâtée de partir. »

La jeune fille ne dit rien; elle s'approcha de la table, sur laquelle se trouvait les débris de la branche de corail.

« Combien vendez-vous ce corail? dit-elle à la bonne vieille.

— Oh! mademoiselle, rien maintenant; vous voyez bien que ce ne sont que des morceaux.

— Mais combien vendiez-vous la branche quand elle était entière?

— Une demi-couronne.

— Eh bien, je vous l'achète; voici une demi-couronne.

— Mais, mademoiselle, cela ne vaut absolument rien; ce ne sont que des morceaux brisés.

— N'importe, dit Marie, je l'aime comme cela. »

Et en dépit des remontrances de l'honnête vieille femme, elle·s'empare des débris, laisse sa pièce d'argent et part, très-heureuse d'avoir ainsi réparé le tort de sa cousine. Jamais elle n'a dit un seul mot de ce qui s'était passé; je l'ai su par sa femme de chambre, et je conserve précieusement encore un petit morceau de ce corail brisé, en souvenir d'une action de générosité si délicate, si modestement et si simplement accomplie.

Cette jeune personne s'est mariée; elle a aujourd'hui une très-nombreuse famille, et elle est le modèle des épouses et des mères chrétiennes.

Il est tard, mes enfants. Je réserve pour un autre jour le récit d'une petite aventure qui nous est aussi arrivée à Scarborough. »

Le lendemain matin, Jeanne s'éveilla encore avant sa sœur; mais le souvenir de ce qui s'était passé la veille lui fit garder le silence. Ce fut Louise qui lui adressa la parole la première, en lui demandant si elle se rappelait le nom de la capitale de l'Angleterre et de la grande rivière sur laquelle elle est située. Elle lui adressa encore d'autres questions, lui remit en mémoire ce qu'elle avait oublié, et continua d'en faire autant chaque matin; ce qui rendit très-profitables à sa petite sœur les récits du bon oncle.

« Avez-vous entendu parler, mes enfants, dit le soir M. de Mareuil, du château de Windsor? Il est à vingt milles, environ, de Londres, et la reine d'Angleterre y passe une partie de l'été. C'est un grand espace, entouré d'un mur très-élevé, dans l'enceinte duquel se trouve un palais auquel se joignent plusieurs autres beaux édifices. Le palais est situé sur une colline, et les environs, dont la vue se déroule de la hauteur, offrent une perspective délicieuse. J'avais entendu parler du château de Windsor, et j'avais grande envie de le voir. J'y allai à cheval. L'Angleterre est un beau pays, où l'on voit des champs, des prairies toujours vertes et séparées par des haies vives, qui font un effet charmant, surtout au printemps, quand l'aubépine est en fleurs. Nous passâmes devant plusieurs habitations magnifiques, de beaux parcs et des jardins resplendissants de fleurs. Tout avait un aspect verdoyant et délicieux.

Le roi Guillaume IV, oncle et prédécesseur de la reine Victoria, n'était pas à Windsor au moment de notre arrivée, et il nous fut permis de visiter les appartements du château, qui sont très-richement meublés, et qui contiennent surtout des tableaux d'un grand mérite et des premiers maîtres.

Dans le château de Windsor, il y a une belle église, appelée la chapelle Saint-Georges, où plusieurs rois sont enterrés, et aussi la princesse Charlotte, qui, si elle eût vécu, aurait été un jour reine d'Angleterre. On avait fondé sur cette jeune princesse de grandes espérances. Le trait suivant prouve combien elle était bonne et compatissante. Un pauvre homme devait être pendu, je ne sais pour quel crime; mais il paraît qu'il n'était pas indigne d'intérêt, puisque sa famille et ses amis s'étant adressés à la jeune princesse afin d'obtenir qu'elle intercédât pour lui auprès du roi, elle promit de faire tout ce qui serait en son pouvoir. En effet, se plaçant sur le passage du roi, son grand'-père, elle tomba à genoux devant lui et dit qu'elle ne se releverait pas avant d'avoir obtenu la grâce du coupable. Le roi, qui était très-bon, la lui accorda. La jeune princesse n'avait pas plus de treize ans lorsque ce fait touchant arriva. A sa mort, tout le monde prit le deuil, et sa mémoire est restée dans tous les cœurs.

Voici maintenant un trait historique beaucoup plus ancien qui prouve l'ascendant de la vertu et de

l'intrépidité d'une reine d'Angleterre. Cette princesse
était française et femme du roi Henri VI; elle se
nommait Marguerite d'Anjou. Son mari était un prince
très-faible qui ne savait pas gouverner. Ses ennemis
s'élevèrent contre lui et le mirent en prison. Ils
poursuivirent aussi Marguerite, qui s'enfuit dans
les bois avec son petit enfant. Elle errait au hasard, ne sachant où trouver un asile, lorsqu'elle
fut rencontrée par un brigand, qui se saisit d'elle
et lui ordonna de lui donner son argent. Marguerite était une femme d'un grand cœur; sans
s'effrayer, elle dit au brigand : « Je suis votre
reine; cet enfant est le fils de votre roi; aidez-
moi à le sauver! »

Le brigand, frappé de ces paroles et de l'air
majestueux de la reine, tomba à ses genoux, lui
demanda pardon, et sortant du bois avec elle, la
conduisit avec le petit prince en un lieu de sûreté.

Il y a, en Angleterre, beaucoup de grandes
villes, indépendamment de Londres : Liverpool,
célèbre par son commerce; Birmingham, où l'on
fait des fusils, des épées, des lampes, des couteaux, etc.; Manchester, où l'on fabrique les cali-
cots et toutes les étoffes de coton; et plusieurs
autres cités remarquables, bien dignes d'être visitées.

Je désirais aussi voir l'Irlande, *la Verte Irlande*, surnommée *l'Ile des Saints*, qui fait partie du royaume britannique, et qui a tant souffert pour sa foi; l'Ecosse, située au nord de l'Angleterre, pays pittoresque par ses montagnes et ses lacs. Les Ecossais sont un peuple intelligent et brave. Voici une légende de l'histoire d'un de ses rois, qui est de nature à vous intéresser.

L'Ecosse, autrefois appelée Calédonie, après avoir été en partie conquise par les Romains, avait recouvré son indépendance dont elle jouit sous une longue suite de rois. Elle fut subjuguée, en 1285, par le roi d'Angleterre Edouard Ier. Cependant elle supportait avec impatience son asservissement, et plusieurs patriotes écossais, entre autres William Wallace et Robert Bruce, tentèrent de l'en délivrer. On ne peut s'imaginer les travaux, les privations et les périls que ces braves et vaillants hommes eurent à souffrir pour accomplir une si noble tâche! Wallace fut pris et condamné à un supplice infâmant. Robert Bruce, après onze tentatives infructueuses, se voyant sans ressource, et tous ses compagnons étant dispersés, se sentit au moment de perdre courage et d'abandonner sa glorieuse entreprise. Dans une misérable cabane, seul et délaissé de tous les siens, il s'agitait, une nuit, sur sa triste couche, ne pouvant trouver le sommeil, et se demandant toujours si le moment n'était pas venu de quitter pour jamais l'Ecosse en l'abandonnant à son oppresseur. Le jour le surprit dans ces perplexités ; et comme il avait les yeux levés sur le plafond de la cabane, il vit une araignée qui, occupée à faire sa toile, cherchait à fixer d'une poutre à l'autre les fils qui devaient la former. Mais chaque fois que l'industrieux insecte, après avoir attaché un fil à une poutre le portait de l'autre côté, le fil se brisait, et il fallait recommencer la besogne, ce que faisait l'araignée avec une admirable constance. Robert Bruce suivait ce manége avec un vif intérêt, et *onze* fois le fil cassa sans que l'ouvrière parût disposée à se décourager. « Ceci est une leçon, se dit le vaillant homme; voyons ce qui va arriver! » En cet instant, l'araignée conduisait son fil à la poutre, et pour cette fois, il y resta, et la toile s'acheva. Robert crut voir dans cet incident un encouragement de la Providence, et plein d'un nouvel espoir, il résolut de tenter un douzième et dernier effort. Il fit un chaleureux appel à ses partisans et aux défenseurs de la patrie, livra à Blawnockburn, en 1314, une bataille aux Anglais, et les chassa de l'Ecosse, dont il devint roi. C'est ainsi que, selon la tradition, la persévérance d'un faible insecte détermina celle du célèbre Robert, et nous donne un exemple de ce que peuvent la patience et la fermeté. Profitez-en, mes chers enfants, et revenons à mon voyage.

Le vaisseau qui m'avait amené à Londres faisait voile pour la Hollande, et je fus forcé d'abréger mon séjour en Angleterre.

Nous hissâmes nos voiles, et nous descendîmes la Tamise. Nous avions presque atteint l'embouchure de la rivière lorsque le soir vint. La brise était forte, et l'obscurité de la nuit s'accrut par un épais brouillard. Nous avancions avec vitesse, quand nous fûmes tout à coup effrayés par un grand bruit et une violente secousse, comme si le vaisseau eût touché un rocher, et nous nous aperçûmes bientôt que nous avions heurté un autre navire avec une telle force que nous l'avions fait sombrer. Nous n'eûmes que le temps de prendre à notre bord les passagers, et un instant après nous vîmes l'embarcation submergée dans les flots et disparaître. Les personnes que nous avions recueillies étaient le capitaine, sa femme, deux enfants et deux matelots.

Ce capitaine était un Hollandais qui venait d'Amsterdam. Il parlait l'anglais et le français, et me dit que sa femme et sa famille vivaient .depuis plusieurs années sur son petit bâtiment et l'accompagnaient ainsi dans tous ses voyages. J'ai appris depuis, que cette manière de faire une habitation de famille de son navire était assez ordinaire aux marins hollandais.

Palais du roi à Amsterdam.

Après six jours de navigation nous arrivâmes à Amsterdam.

'Comme je ne connaissais pas la langue du pays, et que par conséquent je ne comprenais pas un mot de ce qui se disait, le capitaine qui se nommait Hasterick, parcourut la ville avec moi.

Elle était jadis la première place commerçante du globe, et son commerce, quoique déchu, est encore très-considérable. L'Amstel divise la ville en deux parties, subdivisées à leur tour en quatre-vingt-dix îles par une multitude de canaux, sur lesquels on a élevé plus de trois cents ponts. On remarque, parmi les principaux monuments, le palais royal et l'hôtel de ville.

Après Amsterdam, capitale du royaume, les villes principales sont Rotterdam, Harlem, Leyde et la Haye, résidence habituelle du roi.

La Hollande est un pays très-plat, traversé de tous côtés par des canaux, sur lesquels on parcourt la contrée en bateaux. Une grande partie de ce pays était autrefois couverte par les eaux; on a construit de fortes digues qui mettent obstacle aux envahissements de la mer. Il arrive pourtant quelquefois que les flots rompent les digues, et alors des villages entiers sont inondés, ce qui cause de grands malheurs. Dans un temps où ce pays était en guerre avec la France, notre roi Louis XIV, qui commandait lui-même son armée, remporta sur les Hollandais de si grandes victoires, qu'ils résolurent de rompre toutes leurs digues et d'inonder leur pays, afin d'arrêter les armées du conquérant. Heureusement pour eux, ils obtinrent la paix et ne furent pas obligés d'en venir à cette dernière extrémité.

Il y a, mes enfants, un oiseau que l'on appelle la cigogne. Vous vous rappelez la fable de la Fontaine intitulée *le Renard et la Cigogne?* eh bien, c'est précisément cette cigogne

> Au long bec emmanché d'un long cou,

qui est très-commune en Hollande, et pour laquelle le peuple a une vénération poussée à l'excès. Les Hollandais ne tirent jamais sur ces oiseaux, craignent même de les effaroucher; et ils sont enchantés lorsqu'une cigogne fait son nid sur leur maison, persuadés qu'il doit leur porter bonheur. Nos paysans ont les mêmes opinions au sujet des hirondelles, qui bâtissent si solidement leurs nids entre les poutres de leurs toitures.

Les cigognes, étant si bien traitées, sont très-familières et entrent sans crainte dans les maisons habitées. On ajoute, à l'honneur de ces intéressants oiseaux, que lorsqu'une cigogne devient vieille et qu'elle est trop faible pour voler, une jeune cigogne la prend sur son dos et la porte dans les airs. Le fait serait à vérifier.

Il y a, près d'Amsterdam, une petite ville, appelée Saardam, où l'on construisait beaucoup de vaisseaux. Il y a plus de cent cinquante ans, parmi le grand nombre d'ouvriers qui travaillaient à Saardam, s'en trouvait un que l'on appelait maître Pierre. Et savez-vous qui était ce maître Pierre? C'était l'empereur de Russie. Lorsque les autres ouvriers apprirent quel compagnon ils avaient au milieu d'eux, ils ne purent revenir de leur surprise, et il leur était impossible de comprendre comment il se faisait qu'un empereur fût ouvrier charpentier comme eux. Alors maître Pierre leur dit : « Je suis l'empereur d'un pays qui est à plusieurs centaines de lieues d'ici, et mon peuple est très-ignorant. Je veux lui apprendre beaucoup de choses qu'il a besoin de savoir; et pour cela je veux les savoir moi-même. »

Pierre, après avoir beaucoup voyagé, retourna dans son pays, emmenant avec lui un grand nombre de savants et d'ouvriers. L'histoire l'a nommé Pierre-le-Grand.

Les Hollandais aiment beaucoup les fleurs et sont très-curieux de plantes rares. On a vu des amateurs de jacinthes acheter jusqu'à trois mille francs un oignon de cette fleur, quand elle présentait quelque particularité dont nous ne ferions aucun cas et que nous n'apercevrions probablement même pas. Leur passion pour les tulipes a été poussée encore plus loin.

Les Hollandaises sont renommées pour leur propreté, sinon sur elles-mêmes, au moins dans leur maison, qu'elles passent la moitié de leur vie à nettoyer. Avant d'entrer chez elles, il est d'usage de mettre des pantouffles que l'on trouve à la porte, afin de ne pas être exposé à salir le plancher.

Après être resté quelques jours à Amsterdam, nous fîmes voile pour le Danemarck. Si vous regardez la carte d'Europe, vous verrez facilement le chemin que nous avons pris. En peu de jours nous arrivâmes à Copenhague, capitale du royaume. Je ne comprenais pas plus le danois que le hollandais.

Un soir, me promenant dans les rues de la ville, je vis une foule assemblée. Je m'en approchai, et j'aperçus un homme que l'on entraînait malgré lui. Il protestait en anglais contre la violence qui lui était faite, demandant qu'on le laissât aller; mais il parlait en vain, car on ne le comprenait pas. Je fus bien étonné lorsque je reconnus en lui un jeune homme avec lequel j'avais été lié à Boston. Il se nommait James Jenkins.

Je ne l'eus pas plutôt reconnu que je m'élançai au milieu de la foule pour le délivrer; je renversai un des hommes qui le tenaient, j'en poussai deux autres, et je criai à Jenkins de courir. Nous nous enfuîmes tous deux, mais nous fûmes bientôt repris. Trois hommes saisirent Jenkins, quatre ou cinq s'emparèrent de moi, et il eût été inutile de leur parler, puisqu'ils ne pouvaient nous comprendre. Nous fûmes conduits en prison et enfermés dans un cachot. Alors Jenkins m'apprit qu'on avait volé la montre d'un paysan, dans la rue, et qu'il avait été accusé d'être le voleur.

Je trouvai moyen d'informer le capitaine Philipp de notre situation; il vint nous voir le lendemain, et étant allé trouver les magistrats de la ville, il ne tarda pas à obtenir notre liberté.

Une autre fois, le soir, en rentrant à mon hôtel, je vis un homme étendu sur le pavé; je fus à lui, et je m'apperçus qu'il était ivre. Il faisait excessivement froid, et les doigts de cet homme étaient gelés. Je cherchai des secours, et on le reporta chez lui. Il mourut dans la nuit; il avait une femme et trois enfants, et laissa sa famille dans la plus grande détresse. Telles furent pour lui et pour les siens les suites de l'intempérance qui fait tant de victimes, surtout dans les pays du Nord !

Le Danemarck est un pays très-plat, dans une atmosphère brumeuse et humide. Il contient à peu près deux millions d'habitants.

Après un mois de séjour, nous mîmes à la voile pour Saint-Pétersbourg, capitale de la Russie. Regardez encore la carte d'Europe, vous verrez que nous avons traversé la mer Baltique. Je persuadai à Jenkins de venir avec nous; il s'embarqua sur notre vaisseau et nous accompagna. Il avait quitté Boston avant moi, et il était allé à Stockholm, capitale de la Suède. Pendant notre traversée, il me parla beaucoup de ce pays.

Stockholm est une très-grande ville. Toutes les nuits, des hommes, appelés gardes de nuits, parcourent les rues en criant, à de courts intervalles : « Que le bras d'un Dieu bon et tout-puissant préserve notre ville des flammes et des méchants ! »

La Suède est un grand pays, couvert de bois, de rochers et de montagnes. Les Suédois ont des mœurs douces; la population est de trois millions et demi d'habitants.

Le premier jour de mai, il est d'usage de faire un grand feu dans les champs, pour prendre joyeu-

sement congé de l'hiver, très-rigoureux en ces contrées. Le jour qui marque le milieu de l'été est
consacré aux amusements.

La Suède a eu un roi très-célèbre, qui vivait
au même temps que l'empereur de Russie, Pierre
le Grand. — Peut-être, Paul, connais-tu l'histoire
de Charles XII? — Oui, mon oncle. — Eh bien,
que penses-tu de lui? — Mon oncle, je pense qu'il
aimait trop la guerre et qu'il était bien entêté.
— C'est vrai, mais il avait aussi de belles qualités. Charles XII n'avait que quinze ans quand il
monta sur le trône. A un âge si tendre, il se montra ferme, tempérant et dur à lui-même. Les rois
de Danemarck et de Pologne, et l'empereur de
Russie, ses voisins, voyant Charles si jeune, pen-
sèrent qu'il ne saurait pas défendre son royaume, et
voulurent s'en emparer. Pendant qu'ils faisaient des
préparatifs pour l'attaquer, Charles leva promptement une petite armée de braves soldats et débarqua en Danemarck.

L'armée danoise vint à sa rencontre; il y eut
une grande et sanglante bataille; mais les Suédois
remportèrent la victoire, et Charles fit jurer au
roi de Danemarck de ne jamais plus porter les
armes contre lui. Il défit ensuite à Narva une armée
russe commandée par Pierre lui-même et quatre

fois plus forte que la sienne. Alors il marcha contre la Pologne, renversa le roi de Pologne de son trône et mit à sa place un roi de son choix.

L'ambition et l'amour de la guerre s'étaient emparés du cœur de Charles; au lieu de faire la paix et de s'occuper du bonheur de ses sujets, il résolut d'attaquer les Russes chez eux. Il remporta quelques victoires, et montra beaucoup de talents et de courage; mais, près d'une ville appelée Poltava, en 1708, l'armée de Charles et celle de l'empereur s'étant rencontrées, il y eut une grande bataille, où Charles fut vaincu, et son armée presque détruite; lui-même fut forcé de fuir et fut poursuivi de près par ses ennemis.

Après avoir couru de grands périls, il arriva en Turquie et demanda la protection du sultan. Là, pour échapper à ses vainqueurs, et ne voulant consentir à aucun arrangement, Charles feignit d'être malade et resta dix mois au lit par pur entêtement. Enfin il résolut de tenter de regagner son pays, quoiqu'il fût environné de dangers et à plusieurs centaines de lieues de la Suède. Il parvint pourtant, accompagné de deux amis, à surmonter tous les obstacles et à rentrer dans son royaume. Les revers et le malheur ne l'avaient ni éclairé ni changé; il demanda de nouveau à son peuple épuisé des hommes et de l'argent, et avec une armée de douze mille combattants, il fondit sur la Norwége. Il obtint dès l'abord de grands succès, et allait peut-être soumettre ce pays, lorsqu'il fut atteint d'une balle qui lui donna la mort.

Gustave-Adolphe, un de ses successeurs, et père de la fameuse reine Christine, fut aussi un grand guerrier, mais il ne combattit que pour la gloire et le bonheur de ses peuples. Voici deux traits de sa vie.

Lorsqu'il n'avait que cinq ou six ans, il se promenait un jour avec ses gouvernantes, et comme il s'enfonçait dans tous les buissons sans qu'on pût le retenir, une des personnes qui l'accompagnaient crut l'effrayer en lui disant qu'il y avait dans ces buissons des serpents qui le piqueraient. « Eh bien, dit l'enfant sans s'émouvoir, donnez-moi un bâton, je les tuerai! »

Après de grandes victoires en Allemagne, entrant à Munich en libérateur, le peuple se pressait en foule autour de lui, le comblait de ses bénédictions, entourait son cheval, baisait ses bottes, ses habits, et l'air retentissait de mille acclamations à sa louange. Gustave, après avoir fait de vains efforts pour se soustraire à ce triomphe, leva les yeux au ciel en s'écriant : « Mon Dieu!

vous savez que si je reçois ces hommages qui ne sont dus qu'à vous seul, ce n'est pas par orgueil, mais parce que je ne puis empêcher ces démonstrations d'un peuple reconnaissant ! »

Gustave-Adolphe fut tué à Lutzen, à l'âge de trente-trois ans, dans une bataille qu'il avait gagnée et où il reçut le surnom de Grand. »

« Avant de quitter la Suède et de terminer la soirée, dit Mme du Plessis, je voudrais, M. de Mareuil, si vous le permettez, raconter aux enfants une petite anecdote que je tiens d'un ancien ambassadeur en Suède. Il connaissait à Stockholm un savant très-distingué, mais incroyablement distrait. Ce savant était fort estimé, et on s'amusait beaucoup à la cour de ses nombreuses distractions. Comme vous venez de l'entendre, mes enfants, il fait excessivement froid en Suède, et il y tombe beaucoup de neige ; aussi est-il d'usage de porter des chaussons que l'on ôte en entrant dans les appartements. Notre savant, allant un jour à la cour, n'avait pas songé à mettre ses chaussons, mais il pensa à les ôter en arrivant, et ne s'apercevant pas qu'il n'en avait point, ce fut ses souliers qu'il quitta et laissa à la porte. Il portait des bas de soie noire, dont les bouts étaient blancs, comme d'ordinaire. Arrivé dans les salons du roi, sans avoir senti, tant il était préoccupé, qu'il marchait sans souliers, il jeta par hazard les yeux sur ses pieds, et prenant pour de la neige les extrémités blanches de ses bas, il s'imagina qu'il avait oublié d'ôter ses chaussons, et se mit à frotter ses pieds l'un contre l'autre, pour en faire tomber la neige. Je vous laisse à penser comme on rit de ses efforts et de son embarras, jusqu'à ce qu'il reconnût enfin sa méprise et sortît tout confus. La personne qui m'a conté cette petite scène, dont elle avait été témoin, m'a dit que le roi en avait ri de tout son cœur. »

————

« La Norwége, dit M. de Mareuil en reprenant ces récits le lendemain, est située tout au nord de l'Europe, et c'est un pays excessivement froid. Outre le suédois, le peuple parle un dialecte danois; mais les Norwégiens ne sont pas, comme les Danois, enclins à l'ivrognerie; c'est un peuple très-honnête, bienveillant et hospitalier.

Il y a un gouffre effroyable dans l'Océan septentrional, près des côtes de la Norwége; on le nomme *le Maelstrom*. Dans ce gouffre, l'eau se précipite,

en tourbillonnant avec furie et avec un bruit
effrayant. Si par malheur, les vaisseaux en ap-
prochent, ils sont entrainés par les vagues et brisés
en mille pièces. Les baleines sont quelquefois pous-

Navire enveloppé par le *Maelstrom*.

sées vers ce torrent, et elles y trouvent la mort.
Quand elles se sentent emportées par le courant,
elles ont l'instinct du danger et s'efforcent d'y
échapper par des bonds impuissants.

Un des passagers, qui avait voyagé en Norwége, nous dit que les ours y sont en grand nombre, et à l'occasion des ours nous raconta l'anecdote suivante :

Un Norwégien allait traverser une rivière, et il était assis à un bout du bâteau, quand un ours arriva, entra dans le bâteau et s'assit gravement à l'autre bout. L'homme, comme vous pouvez le penser, ne se sentit pas trop à l'aise dans une semblable compagnie, mais il continua son chemin. Quand il eut traversé l'eau, l'ours sauta à terre et courut dans le bois, sans payer son passage ni même dire merci; mais je suppose que le batelier l'en tint volontiers quitte.

La Norwége n'a pas de roi et reconnait l'autorité du roi de Suède. La ville principale de ce pays est Christiania. Pendant l'été, qui est court, il fait très-chaud; en hiver, le froid est des plus rigoureux, et les habitants se couvrent d'épaisses fourrures. Au siècle dernier, une armée suédoise, composée de sept mille hommes, mourut de froid en traversant une des montagnes du pays. On trouva tous les hommes gelés; les uns assis, d'autres couchés, un grand nombre à genoux; tous étaient raides et morts.

La Laponie est la contrée la plus septentrionale de l'Europe On n'y trouve pas de grandes villes; tout le pays est stérile et désolé, et les habitants n'ont point de demeure fixe. Ils vivent l'hiver dans des huttes, et l'été sous des tentes faites de peaux de rennes. Le lieu principal se nommé Wardoëhuus, dans la Laponie suédoise; il y a là un jour de six semaines et une nuit d'égale durée. De belles lumières dans le ciel, appelées aurores boréales, rendent parfois ces longues nuits merveilleusement resplendissantes.

Les Lapons sont très-petits, ils n'ont en général que quatre pieds ou un mètre trente-cinq centimètres de haut. On les dit durs, égoïstes et cruels. Par une superstition ridicule, ils ont en estime et même en vénération les chats noirs, et ils ont grand soin d'en conserver au moins un dans chaque famille. On parle au chat noir, on lui demande son avis, comme s'il pouvait comprendre et répondre, et quand on fait une grande chasse ou une grande pêche, on ne manque jamais d'emmener son chat.

Le renne leur est beaucoup plus utile et leur rend d'immenses services; c'est un animal très-vif et très-fort, qui peut, attelé à un traîneau, faire dix ou douze lieues sans s'arrêter. Si nous pensions davantage à tout ce que nous devons aux animaux, nous serions plus reconnaissants envers le Créateur

qui les a soumis à notre usage. Le renne, le chien,
le lama, le chameau, le bœuf, l'éléphant, selon les

Famille lapone.

diverses contrées, se mettent an service de l'homme
et se ploient à tout ce qu'il exige d'eux. Ne soyons

pas durs et cruels envers ces pauvres bêtes, et n'abusons pas de la supériorité que la raison nous donne sur les plus puissants et les plus forts d'entre eux.

Après quelques semaines de traversée, nous arrivâmes à Saint-Pétersbourg, capitale de la Russie.

Le peuple russe est généralement ignorant, mais laborieux et patient. Le plus grand nombre sont serfs ou esclaves, et l'on vend une terre avec les hommes qui la cultivent, comme on vendrait une ferme avec les animaux de labour. Les uns sont maltraités, les autres sont passablement heureux, selon le caractère du maître auquel ils appartiennent. L'empereur actuel de Russie, Alexandre II, a pris récemment des mesures pour abolir le servage dans ses Etats.

La Russie est un des plus grands pays du monde, et contient soixante-quatre millions d'habitants, dont une partie sont à peine civilisés, mais qui font de braves et excellents soldats.

Je restai deux mois à Pétersbourg, qui est celle de toutes les grandes capitales de l'Europe qui frappe le plus par la largeur, l'alignement et la propreté de ses rues, par l'élégance et la régularité de ses édifices. On y remarque surtout la statue équestre de Pierre le Grand, posée sur un bloc de granit du poids de un million cinq cent mille kilogs, et plusieurs palais splendides. Je visitai ensuite Moscou, une des plus grande ville de l'empire, et celle où est né le czar Pierre-le-Grand. C'est à cette ville que le général Rostopchin a fait mettre le feu lorsque l'armée française conduite par Napoléon Ier croyait y prendre ses quartiers d'hiver. Il fallut quitter Moscou livré aux flammes, pour chercher à regagner la France, en jonchant le chemin de blessés, de mourants et de cadavres. Une poignée d'hommes revit la patrie, appauvrie et désolée, et où l'ennemi devait bientôt pénétrer.

C'est à Moscou que se fait le couronnement des empereurs, et bien que depuis 1703 Saint-Pétersbourg soit devenue la résidence impériale, Moscou est encore regardée par les Russes comme la capitale de l'empire. Le Kremlin, ancienne demeure des czars, le bazar, la cathédrale, le clocher d'Ivan-Vélikoï, près duquel on voit à terre la plus grosse cloche qu'on ait jamais fondue, et dont on estime le poids à deux cent mille kilogs, sont les principaux édifices.

La Russie est d'une si grande étendue, que tandis que tout au nord est couvert de neige et de glaces, il fait chaud dans les provinces du midi. La manière de voyager, en hiver, est assez sin-

Eglise de l'Assomption à Moscou.

gulière. On a de grands traîneaux couverts de fourrures et traînés par quatre ou six chevaux, et, dans les longs voyages, on mange et l'on dort sur un traîneau. De cette manière, on est préservé de toute incommodité, même lorsque le froid est excessivement rigoureux.

J'ai entendu raconter à Saint-Pétersbourg, une histoire très-intéressante qui m'a beaucoup touché, et que je vais vous redire.

Histoire de Prascovie.

Il y avait autrefois en Russie un homme appelé Lapouloff, qui, je ne sais de quelle manière, avait offensé l'empereur de Russie, et l'empereur était si en colère, qu'il envoya en Sibérie Lapouloff, sa femme et leur petite fille.

La Sibérie est un pays froid et désolé, situé au nord de l'Asie et à plusieurs centaines de lieues de Saint-Pétersbourg. On y est exposé à une température glaciale, on y est privé des choses les plus utiles à la vie, on n'y trouve ni connaissances ni amis, et sans amis, mes chers enfants, l'on ne peut être heureux. De plus, il y a de grands bois, et ces bois sont remplis de bêtes féroces. Ainsi tout est triste et misérable dans ces affreuses contrées, et c'est un lieu d'exil pour tous ceux qui ont déplu à l'empereur. Lapouloff et sa femme y étaient donc très-malheureux.

Prascovie, leur fille, avait vécu tout enfant dans cette affreuse solitude et n'avait connu que cette vie de sacrifice et de privation. Elle était trop jeune pour sentir son malheur; mais en grandissant elle commença à mieux s'apercevoir de la tristesse de ses parents. Elle les aimait très-tendrement, et c'était une bonne et aimable jeune fille. Un jour, elle avait alors quinze ans, elle trouva son père et sa mère plongés dans la plus profonde affliction. « Oh! mes chers parents, leur dit-elle, pourquoi donc êtes-vous si malheureux? dites-moi la cause de votre chagrin, et je tâcherai de vous consoler. »

Lapouloff et sa femme avaient toujours caché leur histoire à Prascovie, afin qu'elle sentît moins l'horreur de leur position et de la sienne; mais cette fois, elle les pria avec tant d'instance de lui dire la vérité, qu'ils finirent par céder.

« Ma chère enfant, lui dit sa mère, nous vivions autrefois à Saint-Pétersbourg, qui est une grande ville; nous étions riches, nous avions des amis et nous étions heureux. Mais l'empereur s'est irrité contre ton père, et il nous a envoyés dans ce pays désert, où nous sommes seuls, pauvres et misérables!

— Ma chère mère, dit Prascovie, permettez-moi d'aller trouver l'empereur; je lui dirai que mon père est innocent et que vous êtes tous deux très-malheureux. Je le prierai de vous permettre de retourner à Saint-Pétersbourg. L'empereur doit être bon; il ne se refusera pas à une requête si raisonnable. »

Les parents de Prascovie ne voulurent pas consentir à sa demande; ils savaient combien de fatigues et de dangers elle aurait à subir durant un si long voyage; et d'ailleurs ils ne pouvaient supporter la pensée de se séparer d'une fille si chère et qui était leur unique consolation. Cependant elle les supplia tant et tant de fois, et elle pleura si amèrement en les conjurant de donner leur consentement, qu'après quelques mois de résistances ils cédèrent à ses prières. Prascovie était très-pieuse; plusieurs fois par jour, elle avait demandé à Dieu, avec des larmes abondantes, la grâce de vaincre la résistance de son père et de sa mère, puis de toucher le cœur de l'empereur; et ce fut sans aucun doute la bonté divine qui lui fit obtenir le consentement de ses parents et qui la protégea au milieu des périls du voyage.

Aussitôt que Prascovie fut autorisée à partir, elle fit joyeusement les préparatifs de son long voyage. Il fallait faire la route seule, à pied, et elle n'avait pas d'argent. Rien ne l'arrêta ; elle tomba à genoux, pria Dieu de la protéger, et se mit en route, après avoir dit adieu à ses chers parents et leur avoir demandé leur bénédiction.

Un jour, pendant qu'elle traversait une forêt, un vent très-violent qui soufflait avec un fracas horrible, abattit un gros arbre devant elle, et Prascovie, épouvantée, se sauva dans le plus épais du bois. La nuit survint, et ne pouvant trouver son chemin, elle errait dans l'obscurité, ne sachant que devenir, accablée de fatigue, de froid et de faim; il fallut rester la nuit tout entière dans les bois.

Lorsque le matin fut venu, un homme passa avec une charrette, et lui ayant permis d'y monter, la conduisit à un village. En descendant de la charrette, elle fit un faux pas et tomba dans la boue, dont elle fut couverte. Dans cette pénible situation, elle se présenta dans quelques maisons du village, exposant sa misère, et sollicitant un peu de pain et la faveur de se chauffer au foyer. Mais tout le monde la rebuta en l'appelant vagabonde. Elle voulut alors se réfugier dans l'église ; la porte était fermée. Elle s'assit sur les marches; et les méchants petits garçons qui passaient l'appelaient mendiante et voleuse. Dans cet abandon universel, Prascovie recourut à Dieu avec ferveur et implora avec confiance son secours; une bonne femme vint à passer, fut touchée de la misère de la jeune fille, l'emmena chez elle, lui donna de la nourriture, des habits, et l'hospitalité pendant plusieurs jours. Prascovie, un peu remise, l'ayant remerciée de ses secours et de sa bonté, reprit son pénible voyage.

En passant par un petit village, qui était sur son chemin, elle fut attaquée par plusieurs chiens. L'un lui arracha sa robe avec les dents, un autre voulut s'élancer à son visage. Dans ce grand péril elle eut encore recours à la prière : un voyageur qui passait parvint à chasser les chiens et sauva la jeune fille.

Enfin l'hiver arriva, et il est, comme je vous l'ai dit, extrêmement rigoureux en Russie; le vent était glacé, la neige tombait par flocons; et comme Prascovie était peu vêtue, elle grelottait en marchant. Au milieu de toutes ces épreuves son courage ne l'abandonna jamais. Heureusement, des hommes qui voyageaient en traîneaux la firent monter auprès d'eux; mais elle souffrait si cruellement du froid, qu'elle serait morte sur la route, si un voyageur compatissant ne lui eût donné son manteau de fourrure.

Après une année de marches, de fatigues, de misères de toute espèce, Prascovie, que Dieu avait manifestement protégée, arriva à Saint-Pétersbourg. Elle parvint à trouver des protecteurs, se rendit au palais, et vit l'impératrice, qui la reçut avec une grande bonté et la présenta à l'empereur. La jeune exilée lui raconta son histoire, qu'il écouta avec une extrême surprise et beaucoup d'intérêt. Il lui promit de rappeler de l'exil son père et sa mère, et lui donna une somme d'argent pour qu'elle pût vivre convenablement, en attendant leur retour. Puis il envoya un courrier en Sibérie pour annoncer à Lapouloff qu'il lui accordait sa grâce et qu'il pouvait rentrer dans ses foyers.

Imaginez la joie de l'exilé et de sa femme, quand ils reçurent des nouvelles de leur chère fille qu'ils n'espéraient plus revoir, et qu'ils apprirent le bonheur qui leur était réservé.

Ils se hâtèrent de partir pour Saint-Pétersbourg, où ils arrivèrent sains et saufs, et où ils eurent le bonheur d'embrasser leur enfant. Mais ils ne jouirent pas longtemps de sa présence: Prascovie avait promis à Dieu de lui consacrer le reste de son existence; et quand elle eut vu ses parents rétablis dans leurs biens et leur patrie, pouvant vivre heureux au milieu de leur famille et de leurs amis, elle dit adieu à tous non sans beaucoup de larmes, et se retira dans un couvent où elle se fit religieuse.

Cette histoire, parfaitement vraie dans toutes ses circonstances, vous prouve, mes amis, qu'il n'est rien d'impossible aux enfants qui mettent leur confiance en Dieu et qui aiment leurs parents; elle vous prouve aussi que les enfants, lorsqu'ils sont élevés chrétiennement et avec soin, deviennent une bénédiction pour toute leur famille.

« Moi, dit Jeanne à qui l'on avait accordé un quart d'heure de grâce afin qu'elle pût entendre toute l'histoire de Prascovie, si je me mariais et que j'eusse des enfants, je les élèverais très-bien.

— Tu voudrais te marier, Jeanne? dit Paul.

— Oui.

— Tu voudrais quitter la maison?

— Mais non! Maman est mariée, et elle est ici; elle n'a pas quitté la maison! »

Un rire général accueillit ces paroles, et Jeanne, toute interdite, fit une petite moue, qui disparut bientôt sous les tendres baisers de sa mère.

A Saint-Pétersbourg, je dis adieu au capitaine Philipp, qui retournait en Amérique; et comme j'avais le projet de continuer à parcourir l'Europe,

Arc de triomphe à Moscou.

je proposai à Jenkins de m'accompagner; ce qu'il accepta. Le séjour de la Russie ne m'était pas agréable, et quand j'eus satisfait ma curiosité, nous

nous embarquâmes sur la Baltique, à destination de
Dantzick, ville grande et riche, que nous visitâmes
avec intérêt, et d'où nous nous rendîmes à Berlin,
capitale de la Prusse. Quelquefois nous voyagions
à pied, quelquefois par les voitures publiques;
il n'y avait pas encore en Prusse de chemins
de fer, et les diligences étaient lentes et mal atte-
lées; mais il faut s'arranger de tout et ne pas
se montrer difficile, lorsqu'on est en voyage.
Ni Jenkins ni moi ne savions l'allemand; nous
cherchions et nous trouvions toujours quelques
personnes qui comprissent l'anglais ou le français, en sorte que nous parvenions à nous tirer
d'affaire.

Il y a beaucoup de vastes forêts en Prusse.
Au commencement de ce siècle, quelques chasseurs, parcourant une de ces forêts, virent passer
un homme étrange qui s'enfuit quand ils voulurent
l'approcher. Ils se mirent à sa poursuite, et ils
le virent s'enfoncer dans une caverne près d'une
montagne où ils parvinrent à s'en emparer.... C'était
un homme véritablement sauvage qui avait toujours vécu dans les bois. N'ayant jamais entendu la parole humaine, il ne faisait entendre
que des sons inarticulés; il vivait de feuilles et
de racines.

On l'emmena malgré sa résistance, et l'on essaya de le civiliser et de le rendre semblable aux autres hommes, mais on n'y parvint pas. Il avait sans doute été abandonné dans cette immense forêt, où il avait grandi sans être jamais en contact avec les hommes, et à l'état complétement sauvage. — Bénissez Dieu, mes enfants, de vous avoir donné de bons parents qui ne sont occupés que de votre éducation et de votre bonheur!

Berlin est une très-belle ville, entourée d'un haut mur de pierre, en dehors duquel se trouvent cinq grands faubourgs. On y compte environ dix-neuf hôpitaux et vingt-et-une églises,. dont une seule catholique. On croit qu'elle a été fondé par Albert l'Ours, margrave de Brandebourg. Le roi habite tantôt Berlin, tantôt Postdam qui est le Versailles de la Prusse; aux environs se trouvent trois célèbres maisons royales : Sans-Souci, le nouveau palais royal et le palais de marbre.

Les Prussiens sont une nation toute militaire. Ils avaient un roi, né en 1712, nommé Frédéric, qui était très-brave, très-habile, et que l'on a aussi surnommé *le Grand*. Il eut à soutenir plusieurs grandes guerres, dont son ambition fut le mobile. Un moment il fut chassé de la plus grande partie de son royaume, mais il finit par triompher de ses ennemis. Dans ce temps-là, les rois se mettaient rarement à la tête de leurs armées : Frédéric voulut commander les siennes et partager les souffrances de ses soldats.

Un matin, qu'il était couché sur son petit lit de camp, il sonna son page, qui ne vint pas. Il ouvrit la porte de sa chambre et trouva le page qui aurait dû veiller pour recevoir ses ordres, étendu dans un fauteuil et dormant profondément; c'était un enfant de neuf ans. Le roi, s'approchant de lui pour l'éveiller, vit un petit papier qui sortait de sa poche, et curieux de savoir ce que contenait ce papier, il le prit doucement et le lut. C'était une lettre de la mère du petit page et veuve d'un officier, qui le remerçiait de l'envoi qu'il lui avait fait d'une partie de ses gages pour la soulager dans son état de pauvreté. Le roi, attendri, prit une bourse pleine de ducats, et la glissa avec précaution, ainsi que la lettre, dans la poche de l'enfant. Puis il retourna dans sa chambre, et sonna si fort que le page s'éveilla et se hâta d'accourir. « Tu as bien dormi? » dit le roi. Le page voulut s'excuser, et, dans sa confusion, ayant mis par hazard la main dans sa poche, il y sentit la bourse. Rempli d'étonnement, il la tira de sa poche, devint pâle, et, regardant le roi, il fondit en larmes. « Qu'y

a-t-il? dit le roi, pourquoi pleures-tu? — Ah! sire,
répondit l'enfant en tombant à genoux, on veut
me perdre; je ne sais pas qui a mis cet argent dans
ma poche. — Rassure-toi, mon enfant, reprit le
roi; le bien nous vient souvent en dormant. Envoie ceci à ta mère, et dis-lui que je la salue et
que je prendrai soin d'elle et de toi. »

Une telle action fait plus d'honneur à Frédéric
que ses plus grandes victoires; et vous pouvez comprendre tout le bonheur du pauvre petit page en
voyant que non-seulement le roi lui pardonnait,
mais qu'il le récompensait de son amour pour sa
mère.

Le roi Frédéric aimait la science et les savants;
mais il eût été à souhaiter qu'il eût aimé davantage Dieu et la religion. Il en aurait été plus sage
et plus heureux.

Nous allâmes de Berlin à Vienne, capitale de
l'Autriche, et nous fîmes tout le chemin à pied.
Les auberges de ce temps-là, en Allemagne, étaient
vraiment curieuses, mais très-peu agréables; elles
ressemblaient à de vastes granges, dans lesquelles
se trouvaient, réunis de compagnie, les chevaux, les
vaches, les cochons et les hommes; tout y trouvait sa place.

Lorsque nous couchions dans ces tavernes, nous

étions quelquefois éveillés par le hennissement d'un cheval ou par le beuglement d'une vache; puis un cochon commençait à grogner, ou un âne à braire. Jenkins se mettait quelquefois en colère et leur criait de se taire; mais plus il en disait, plus nos aimables compagnons de chambre faisaient de bruit.

Il y a beaucoup de sangliers dans les forêts de l'Allemagne; ce sont de forts et sauvages animaux, pourvus de longues dents, très-pointues et tranchantes, que l'on appelle des *défenses*. Un des amusements favoris des grands seigneurs allemands est de faire la chasse de ces animaux. Un jour, Jenkins et moi nous approchions de Vienne et nous traversions une grande forêt, lorsqu'un énorme sanglier passa précipitamment près de nous. Il était poursuivi par une douzaine de chiens qui hurlaient en courant après lui de toutes leurs forces. Puis nous vîmes plusieurs cavaliers lancés sur la piste des chiens.

Peu de temps après, nous les entendîmes revenir; le sanglier les avait mis en défaut et traversait de nouveau la route. Les chiens l'atteignirent enfin et sautèrent sur lui. Les uns enfoncèrent leurs crocs dans ses oreilles, les autres dans ses flancs. Tout à coup le sanglier fit un violent effort pour se dégager, et se jetant à son tour sur les chiens, en tua deux en les perçant de ses défenses. En ce moment, un des chasseurs s'approcha et, sautant à bas de son cheval, s'arrêta à quelque distance. L'animal furieux ne l'eut pas plus tôt aperçu qu'il s'élança sur lui; mais l'habile chasseur plongea profondément sa lance dans le cou de la bête. Le sang jaillit de la hure du sanglier qui chancela et tomba mort.

Un coup de sifflet retentit, et aussitôt les autres cavaliers arrivèrent au grand galop. Nous apprîmes avec surprise, le lendemain, que le chasseur qui avait tué le sanglier avec tant d'adresse et de courage n'était autre que l'empereur d'Autriche; les autres étaient des seigneurs de sa cour.

Vienne, résidence de l'empereur, est située sur le Danube, un des plus grands fleuves de l'Europe. La ville proprement dite est petite et ancienne, mais elle est entourée de trente-quatre magnifiques faubourgs. Le *Bourg* ou château impérial; les superbes églises de Saint-Etienne, Saint-Pierre, Saint-Charles; les palais et les monuments publics font l'admiration des étrangers.

Les habitants aiment le plaisir, et peu de villes offrent une plus grande variété d'amusements. En hiver, quand le Danube est gelé, les dames courent

Eglise Saint-Etienne à Vienne.

sur la glace dans d'élégants traîneaux. Les uns représentent des lions, des tigres, des cygnes, d'autres des coquilles, des conques, etc. Chaque traîneau est attelé d'un cheval ou d'un cerf, orné de rubans et entouré de petites sonnettes. Ces promenades sur la glace présentent un aspect fort pittoresque.

Près de Vienne, se déroule un parc magnifique de plus d'une lieue de long, appelé le *Prater*. En été, des milliers de promeneurs s'y rendent, et y trouvent toute espèce de divertissements.

L'Autriche est une grande et belle contrée, peuplée de trente-deux millions d'habitants et qui renferme beaucoup de grandes villes. Les habitants sont en général intelligents et laborieux; le pays renferme un grand nombre de manufactures; ce qui vous plairait le plus, ce sont d'ingénieux jouets d'enfants qu'on fabrique en très-grand nombre et à très-bon marché. Nous avons vu à Vienne une curieuse mécanique, qui représentait un petit village dont les habitants, hommes et femmes, n'avaient pas plus de deux pouces de haut. Plusieurs de ces petits bons hommes se promenaient, d'autres galopaient à cheval; il y en avait qui dansaient, et les plus laborieux étaient à l'ouvrage.

Il y avait aussi un régiment de petits soldats qui faisaient l'exercice, et un petit tambour qui battait de toutes ses forces sur sa caisse.

Vous avez peut-être entendu parler d'une autre mécanique faisant mouvoir un automate qui jouait très-bien aux échecs ; c'est en Autriche qu'elle a été inventée. Cet automate est de grandeur naturelle et représente un homme habillé en Turc et assis devant une table sur laquelle est un échiquier. Le plus surprenant c'est que cet homme-machine joue si bien aux échecs que peu de personnes peuvent le battre. Cette merveilleuse mécanique a été portée dans toutes les principales villes de l'Europe et de l'Amérique, et partout elle a excité le plus grand étonnement.

Connaissez-vous les bohémiens ? C'est une race errante dont on ignore l'origine et qui se retrouve dans presque tous les pays de l'Europe. Ces bohémiens ont le teint brun, les cheveux et les yeux noirs ; tout, dans leur extérieur et leurs habitudes, les distingue de la plupart des autres races d'hommes. Ils n'ont pas de patrie, et voyagent par bandes, emmenant leur famille avec eux, et s'arrêtant pour un ou quelques jours dans les endroits où l'on veut bien les tolérer. Ce sont généralement de grands paresseux et de grands voleurs qui prétendent dire la bonne aventure et profitent de la crédulité des sots pour leur escroquer de l'argent. On en évalue le nombre à sept cent mille environ; en France, les états-généraux de 1560 ont prononcé contre eux un bannissement perpétuel.

Un jour que Jenkins et moi nous traversions une forêt, nous perdîmes notre chemin. Nous ne savions par où porter nos pas lorsque nous aperçûmes du feu à quelque distance, et nous étant dirigés de ce côté, nous y trouvâmes une vingtaine de bohémiens. Nous leur dîmes que nous étions égarés, et nous leur demandâmes s'ils pouvaient nous donner quelque chose à manger et nous permettre de rester avec eux jusqu'au matin; ce qu'ils nous accordèrent. Ils nous servirent du pain noir et du jambon, avec du vin, qui est très-abondant en Autriche, et nous nous couchâmes sous une de leurs tentes. Au milieu de la nuit, je fus éveillé par un léger bruit; je regardai autour de moi, et je vis qu'un des bohémiens était entré dans la tente et que, penché sur Jenkins, qui dormait profondément, il enlevait sa bourse. Je m'élançai vers le voleur, mais il se releva promptement et s'enfuit. J'éveillai Jenkins, qui s'empressa de fouiller dans sa poche et s'assura que sa bourse, contenant deux cents francs, n'y était plus. Nous attendîmes le jour avec impatience pour réclamer la bourse volée; mais quand nous en parlâmes aux bohémiens, ils ne firent qu'en rire, et nous dirent que si nous voulions conserver notre argent, il fallait fréquenter meilleure compagnie.

Avis à vous, mes chers enfants, pour tout le cours de votre vie : si vous voulez conserver non-seulement votre argent, mais vos bonnes mœurs et votre bonne réputation, ne fréquentez jamais que les honnêtes gens.

La Turquie est un grand pays voisin de l'Autriche, dont vous avez beaucoup entendu parler pendant la guerre de Crimée; mais vous étiez trop jeunes pour comprendre tout ce qu'on en disait. A l'époque de mes premiers voyages, on le visitait rarement, parce que les relations avec les Turcs étaient très-difficiles. Le peuple est ignorant et ne comprend pas les langues étrangères; leur religion et leurs coutumes diffèrent absolument des nôtres. Ils suivent les préceptes enseignés par un livre appelé *le Coran*, livre écrit par Mahomet, qui se disait prophète, et qui a versé beaucoup de sang pour forcer les gens à se soumettre à sa domination.

Les Turcs sont donc mahométans; ils méprisent et détestent les chrétiens; ils sont si fanatiques

Vue de Constantinople.

que, même à présent, malgré tous les services que nous leur avons rendus, ils massacrent les chrétiens toutes les fois qu'ils croient pouvoir le faire avec impunité.

La capitale de la Turquie est Constantinople,

avec ses sept collines et un admirable port sur la mer Noire, d'où se déroule une des vues les plus magnifiques qu'on puisse imaginer. Elle renferme trois grands faubourgs : Galata, quartier des négociants; Pira, quartier des Européens; le Fanar, quartier des Grecs. Les rues sont très-étroites, presque toutes les maisons en bois, ce qui occasionne parfois de terribles incendies. Parmi les nombreuses mosquées, la plus remarquable est l'ancienne église Sainte-Sophie construite par Justinien. Les environs de la ville sont charmants; des kiosques et des maisons de campagne délicieuses bordent les deux rives du détroit. Il y a très-peu d'industrie et de commerce, et on y est exposé à des pestes très-fréquentes, dont le retour est dû surtout à l'incurie et à la malpropreté des habitants.

Le souverain de la Turquie est appelé sultan. Le sultan actuel est Abdul-Aziz-Khan, qui semble vouloir améliorer les coutumes de son pays et rendre ses sujets plus civilisés. Les sœurs de charité sont très-estimées et même honorées à Constantinople, où elles accomplissent des miracles de charité; leurs écoles sont fréquentées même par les petits musulmans, pour lesquels elles ont une grande charité et un admirable dévoûment.

Les Turcs portent la barbe longue, des turbans au lieu de chapeaux, de grands pantalons larges et des vestes brodées. Ils fument presque constamment, et leurs pipes ont quelquefois plus de six pieds de long; ils ne se servent ni de

Sainte-Sophie à Constantinople.

chaises ni de fauteuils, et s'asseyent sur la terre ou sur des coussins; ils boivent beaucoup de café, mangent avec leurs doigts, parlent peu, et passent quelquefois des journées entières en silence, assis, fumant leur calumet.

Au midi de la Turquie est située la Grèce, dont les Turcs ont fait la conquête et qui leur a été longtemps assujettie; l'esclavage des Grecs, sous ce joug rigoureux, a été d'autant plus cruel, que les Grecs sont chrétiens, et que les Turcs haïssent les chrétiens. Aussi la tyrannie de ces maîtres impitoyables s'est-elle montrée sous toutes les formes.

***

La Grèce est un pays très-intéressant à visiter, non-seulement parce qu'il est beau, mais parce qu'il est plein de souvenirs des peuples fameux qui l'habitaient. On y trouve de belles ruines et des édifices qui ont plus de trois mille ans de date. Tel est le Parthénon, ou temple de Minerve, dont les ruines existent encore, près d'Athènes. Ce temple renferme la statue d'ivoire et d'or de la déesse, un des chefs-d'œuvre de Phidias. C'est sur le modèle et dans les proportions du Parthénon que l'église de la Madeleine a été bâtie.

L'histoire des anciens Grecs, qui vivaient il y a bien des siècles, et à qui l'on doit de si merveilleux monuments, est extrêmement intéressante. C'était un peuple spirituel et brave qui a fait beaucoup de nobles actions et qui a enrichi les belles lettres d'ouvrages immortels.

Il y avait autrefois un puissant roi de Perse, nommé Xerxès, qui assembla une armée immense pour venir conquérir ce petit pays de la Grèce. Mais les Grecs combattirent comme des lions, et il fut impossible à Xerxès de les vaincre. Ce roi se vit obligé de se retirer honteusement avec une partie de son armée et en déclarant qu'il renonçait à la conquête de la Grèce.

Parmi tous les beaux traits dont l'histoire grecque est remplie, je vous en conterai un seul qui a été redit cent fois, mais que, malgré votre jeune âge vous pourrez apprécier.

Il y avait à Syracuse, ville de Sicile, fondée par un Grec, et gouvernée par un tyran, nommé Denys, deux jeunes hommes, Damon et Pythias, qui s'aimaient tendrement. L'un d'eux, c'était Damon, encourut, je ne sais comment, la disgrâce du tyran, qui était très-cruel, et qui, après l'avoir fait mettre en prison, le condamna à mort. Damon avait une femme et des enfants qui habitaient une autre ville. Il dit à Denys : « Permettez-moi d'aller voir ma femme et mes enfants et de régler mes affaires de famille ; je vous promets de revenir le jour que vous fixerez, pour subir ma condamnation. » Le roi lui accorda ce qu'il demandait, mais à la condition que son ami Pythias irait en prison à sa place, et que si Damon ne revenait pas au jour fixé, son ami mourrait pour lui. Pythias se rendit volontairement en prison, et Damon partit.

Vous jugez du désespoir de la famille de Damon, lorsqu'ils apprirent qu'il devait retourner à Syracuse pour y trouver la mort; on ne pouvait consentir à le laisser partir, et les larmes de sa femme et de ses enfants le rendaient plus malheureux que la perspective d'une mort qu'il n'avait pas méritée. Il s'arracha à leurs embrassements en disant : « N'essayez pas de me retenir, il faut que je retourne à Syracuse, ou bien on fera mourir mon ami à ma place. »

Il partit donc et se hâta pour arriver avant l'expiration du délai. Mais ayant été retenu par plusieurs obstacles, il ne put être de retour à l'heure fixée. Le tyran, très-irrité, ne voulut pas retarder l'exécution d'un seul instant; on alla chercher Pythias dans la prison, on l'emmena sur la place publique et on le fit monter sur l'échafaud. Pythias était heureux de son sort, car il pensait que s'il mourait pour son ami, celui-ci serait libre de retourner près de sa femme et de ses enfants.

Le tyran avait aussi sa cruauté satisfaite, car il jugeait Damon d'après lui-même ; il croyait qu'il ne reviendrait jamais et que Pythias serait victime de la confiance qu'il avait eue en son ami. Il fut bien trompé : au moment où Pythias était conduit à la mort, on entendit la voix d'un homme qui écartait la foule en se précipitant pour avancer, et qui criait de toutes ses forces : « Laissez-moi passer ! »

C'était Damon ! Il s'élança sur l'échafaud, et s'écria, en se jetant dans les bras de Pythias : « Me voici ! je viens mourir ; tu es sauvé ! » La foule fut alors témoin d'une lutte héroïque : Pythias ne voulait pas quitter l'échafaud, et disait : « Laisse-moi mourir ; retourne auprès de ta femme et de tes enfants ; je suis seul, personne n'a besoin de moi, je serai heureux de donner ma vie pour toi ! »

Denys, tout méchant qu'il était, fut frappé de ce combat de générosité, et la conduite des deux amis le remplit d'admiration. « Vous ne mourrez ni l'un ni l'autre, dit-il, et vous êtes libres tous deux. Allez, et puisse l'exemple de votre amitié être suivi par beaucoup d'autres ! »

« Mon oncle, dit Paul, est-ce que Damon n'aurait pas fait une très-mauvaise action, s'il n'était pas revenu ?

— Assurément, répondit M. de Mareuil.

— Pourquoi donc Denys l'admirait-il tant pour avoir fait son devoir ?

— Parce que lui-même n'aurait probablement pas tenu sa parole et se serait bien gardé de revenir; c'est pourquoi une action qui était simplement honnête lui paraissait si belle. Mais Pythias, qu'en dis-tu ?

— Ah! mon oncle, c'est bien différent. Il n'était pas obligé de s'exposer à la mort en prenant dans la prison la place de Damon, et il n'était pas obligé non plus de mourir pour lui. C'était un véritable ami, bien généreux et bien bon.

— Et puis, ajouta Louise, ce que j'aime aussi, c'est qu'il ne se soit pas fâché contre Damon quand il a vu qu'il ne revenait pas; il était bien sûr de son honneur et de son amitié !

— Embrassez-moi, mes chers enfants, dit M. de Mareuil. Je vois que vous comprenez ce que je vous raconte, et que vous jugez avec un esprit juste et un bon cœur. Continuez à écouter et à lire avec attention, car c'est ainsi que vous le ferez avec fruit. »

Les Grecs, ayant fleuri pendant plus de mille ans, furent enfin subjugués par les Romains et perdirent toute importance comme nation. Après plusieurs siècles, les Turcs comme je vous l'ai dit, s'emparèrent du pays et le maintinrent dans un état d'esclavage. L'oppression sous laquelle ils gémissaient ranima enfin en eux l'ancien esprit de nationalité. Il y eut contre les Turcs un soulèvement général, et, après des combats acharnés, dans lesquels ils furent soutenus par la France et l'Angleterre, les Grecs secouèrent le joug des Turcs. Depuis trente ans ils forment un état indépendant gouverné par un roi constitutionnel qui est aujourd'hui un prince de la maison de Danemark.

Après un assez long séjour à Vienne et dans quelques autres villes de l'Allemagne, nous partîmes pour l'Italie. On dit que l'Italie a la forme d'une botte ; il suffit en effet de jeter un coup d'œil sur la carte pour constater le fait.

Rome est la ville la plus célèbre de l'Italie et du monde entier. Après avoir été le siége de la puissance romaine, elle est devenue celui de la religion catholique. C'est là que réside au palais du Vatican N. S-P. le Pape, chef de l'Eglise. A Rome on trouve à chaque pas des ruines célèbres, de splendides monuments et de magnifiques édifices, à la tête desquels s'élève la fameuse église de Saint-Pierre qui est regardée comme le plus beau temple du monde. Celles de Saint-Jean-de-Latran, où l'on couronne les Papes, de Sainte-Marie-Majeure, de Saint-Paul, et une foule d'autres, car

Le Colysée

le nombre s'en élève à plus de trois cents, sont également fort remarquables.

Je ne vous parlerai pas de l'ancien peuple

romain, qui a fait de grandes choses, dont la puissance s'est presque étendue sur l'univers entier. On trouve à Rome des vestiges de sa gloire et des restes de sa grandeur; le Colysée frappe d'étonnement et d'admiration. C'était un amphithéâtre immense, qui pouvait contenir plusieurs milliers de spectateurs; il est maintenant sanctifié par le souvenir des innombrables martyrs qui, aux premiers temps du christianisme, ont versé leur sang pour la foi. C'est dans l'enceinte du Colysée que se livraient les combats de gladiateurs, et que les chrétiens étaient livrés aux bêtes.

Le plus considérable des anciens égouts, la *cloaca maxima*, dont la construction remonte au temps des Tarquins, sert encore aujourd'hui à son ancienne destination.

A mesure que la puissance des anciens Romains augmenta, leur orgueil s'accrut aussi, et les richesses amenèrent leur corruption et leur décadence. Ils finirent par perdre toutes leurs vertus guerrières et par succomber sous la domination des peuples barbares.

Après Rome, la plus belle ville de l'Italie est Naples, admirablement située sur la mer Méditerranée. Elle est bâtie en amphithéâtre; ses rues en général étroites et obscures sont pavées en dalles de lave noire et fort propres. On y trouve cependant de très-remarquables édifices, et particulièrement le théâtre de Saint-Charles, un des plus beaux et des plus grands du monde. Le tombeau du fameux poëte latin Virgile est situé dans les environs, au-dessus de l'entrée de la grotte du mont Pausilippe, passage souterrain qui traverse toute la montagne, et qui a environ sept cents mètres de longueur, seize de hauteur et dix de largeur. Une partie des habitants de Naples sont appelés *lazzaroni*. Ce sont des paresseux, sans ressources ni domicile, qui passent presque toute la journée couchés au soleil, et se nourrissent de macaroni avec les quelques sous que leur donnent les étrangers auxquels ils ont pu rendre de petits services.

Près de cette ville, s'élève un volcan appelé le Vésuve. C'est une montagne du sommet de laquelle s'élancent du feu, des flammes et des pierres fondues, qui se répandent en ruisseaux, et qu'on appelle *lave*. Quelquefois on entend gronder dans le Vésuve un bruit terrible semblable à celui du tonnerre.

Il y a près de dix-huit cents ans, ce volcan lança une immense quantité de cendres, de pierres et de lave, qui se répandirent de tous les côtés de

la montagne, et ensevelirent des villages et des
cités. Parmi ces dernières étaient Herculanum et
Pompéi, que l'on a retrouvées sous la lave, il y
a environ cent ans. Depuis le commencement de

Naples

ce siècle, on fait dans Pompéi des fouilles qui
amènent les découvertes les plus intéressantes et
les plus curieuses.

Cette désastreuse éruption coûta aussi la vie à

un savant naturaliste de cette époque, Pline l'Ancien, qui, pour ne pas perdre un instant de travail, au bain, à table, en litière, se faisait lire, prenait ou faisait prendre des notes. S'étant approché trop près du cratère pour mieux observer le phénomène, il fut asphyxié par la fumée.

Les habitants de l'Italie sont bien différents de leurs ancêtres, quoiqu'ils vivent sur la même terre et parmi tous les souvenirs de leur grandeur passée. Ils sont malheureux, et ce qu'il y a de plus triste à penser, c'est qu'ils le sont en plus grande partie par leur faute, s'étant affaiblis par les dissensions, les révoltes et les guerres intestines.

Dans les peuples comme dans les familles, mes enfants, les haines, les discordes, l'irréligion, les révoltes sont des causes de ruine, tandis que la paix, la bonne intelligence, la fidélité à tous les devoirs font naître le bonheur et la prospérité.

A Rome, je me séparai de Jenkins, qui s'embarqua pour retourner en Amérique, tandis que je me dirigeai vers la Suisse.

Je traversai les Alpes, fameuses chaînes de montagnes dont les sommets sont toujours couverts de neige. Il m'y arriva une aventure à laquelle j'étais bien éloigné de m'attendre.

Je voyageais à pied, au coucher du soleil,

lorsque je fus tout à coup environné d'une douzaine d'hommes armés de poignards, d'épées et

Grotte de Pausilippe

de pistolets. Ils se saisirent de moi, et m'entraînèrent jusqu'aux ruines d'un vieux château; là

ils me firent descendre par un sombre passage,
dans une grande chambre souterraine où ils me
laissèrent. Sans savoir l'italien, j'avais pu comprendre, à l'aide du latin, que ces bandits se
proposaient de me dépouiller et ne paraissaient
pas très-éloignés de la pensée de me tuer. J'avais
sur moi une paire de petits pistolets dont je
me promis bien de faire usage en cas de
besoin.

Peu de temps après, je vis entrer un homme
qu'il me parut avoir déjà vu quelque part, quoique
je n'en fusse pas certain et que je n'eusse pu
dire qui il était. Il paraissait être le capitaine de la
bande. Aussitôt que le malheureux m'aperçut, il
tressaillit, et je le reconnus alors avec une pénible
surprise; c'était Léo, ce capitaine de vaisseau que
nous avions sauvé du naufrage.... Léo était devenu
un chef de voleurs! Il ne me laissa pas longtemps inquiet sur mon sort; il dit à ses hommes
que je lui avais autrefois sauvé la vie, et m'assura
que je pourrais, dès le jour suivant, continuer mon
voyage en toute sûreté.

Je partis le lendemain matin. Léo me conduisit
jusqu'à une certaine distance, et j'aurais bien voulu
profiter de cette circonstance pour lui représenter
l'indignité et les dangers de la voie crimi-

nelle dans laquelle il était entré ; mais il ne m'en laissa pas le temps ; à peine lui eus-je dit quelques mots à ce sujet, que, me souhaitant un bon voyage et me disant adieu, il me quitta brusquement.

Voyez, mes enfants, comme il est rare que l'on veuille revenir au bien, quand on a commencé à faire le mal, et combien nous devons craindre et fuir les occasions qui pourraient nous écarter de la bonne route !

En peu de temps j'arrivai à Berne, le chef-lieu du canton le plus puissant de toute la confédération suisse, qui est composée de vingt-deux cantons et qui a trois capitales : Zurich, Berne et Lucerne. Chaque année la diète fédérale se réunit dans une de ces trois villes.

La Suisse est un des pays les plus visités, pendant la belle saison, par les voyageurs et les touristes de toutes nationalités. Elle abonde en beautés pittoresques et grandioses. Lacs, montagnes, cascades se succèdent tour à tour, présentant les aspects les plus variés. Il a fallu tout le génie et toute la persévérance de l'homme, pour rendre presque facile l'accès de ce pays, où la nature semble avoir pris à tache de créer à chaque pas d'insurmontables difficultés. Presque toutes les montagnes, même les plus escarpées, ont été maintenant gravies par d'intrépides touristes, sans en excepter le fameux glacier de la Jung-frau, en français *montagne de la Vierge*, ainsi appelé parce que personne n'avait osé jadis en affronter la périlleuse ascension.

Les Suisses vivent principalement du produit de leur chasse et de la fabrication d'une foule de jolis objets en bois sculptés, travail dans lequel ils excellent.. Ils sont aussi très-habiles dans tout ce qui concerne l'horlogerie. C'est surtout à Genève qu'on fabrique des montres qui ont, dans toute l'Europe, une grande réputation. La ville de Genève est située au bord du lac du même nom ; lac immense dont les flots azurés présentent un magnifique spectacle. Lausanne est aussi une ville charmante, située sur les bords de ce beau lac.

Les Suisses ont toujours aimé par dessus tout la liberté ; ils étaient cependant assujettis autrefois au pouvoir de l'Autriche ; mais Guillaume Tell et ses compagnons résolurent un jour d'affranchir leur patrie du joug étranger.

Le gouverneur autrichien, nommé Gessler, soupçonna ce projet, et, pour s'assurer des dispositions de chacun, il fit planter au milieu de la place publique d'Altorf une perche, au haut de laquelle son chapeau était placé, et il ordonna à tous les habitants de le saluer en passant. Guillaume Tell refusa le salut, et Gessler le fit mettre en prison.

Tell était au tir à l'arc d'une merveilleuse habileté; jamais il ne manquait d'atteindre le but. Gessler, sous prétexte de mettre son talent à l'épreuve, eut la cruauté d'exiger qu'il abattît une pomme placée sur la tête de son fils, beau petit garçon de cinq ou six ans. Figurez-vous les angoisses et l'horreur de Tell, dont la main tremblante d'émotion pouvait manquer le but et tuer son fils! Il préférait mourir que d'être soumis à une aussi terrible épreuve; mais le cruel Gessler lui dit que s'il n'obéissait pas, son enfant serait aussi mis à mort.

Guillaume se décida. Il leva les yeux au ciel pour obtenir la protection de Dieu; puis, visant avec toute l'attention et la fermeté possibles, il lança sa flèche, qui transperça la pomme au milieu, sans faire le moindre mal à l'enfant.

Quelque temps après, Gessler voulut changer Guillaume Tell de prison et le conduire lui-même dans celle qu'il lui avait destinée. Il fallait traverser un lac, et, pendant le trajet, un violent orage s'éleva. Gessler eut peur alors, et dans ce danger, il donna la direction du bateau à Tell, dont il connaissait le courage et l'adresse. Celui-ci profita de l'occasion, et poussant le bateau près de la rive, il s'élança sur un rocher, d'où il s'enfuit dans les montagnes. Puis il appela le peuple à la liberté, et l'on se mit à la poursuite de Gessler. Quand on l'eut arrêté, Guillaume Tell se livra à une cruelle vengeance et le tua de sa propre main. Les Autrichiens furent chassés du pays, et les Suisses reconquirent leur liberté.

Traversons maintenant une chaîne de montagnes non moins remarquable que celle des Alpes, la chaîne des Pyrénées; nous voici en Espagne.

L'Espagne est un beau pays, très-riche et très-fertile, mais assez mal cultivé, parce que les habitants sont malheureusement indolents, mais braves et honnêtes. On les accuse d'être fiers et vindicatifs; ce qui s'accorde mal avec les préceptes de la religion, qui nous ordonnent l'humilité et le pardon des injures.

Le sol de l'Espagne est très-montagneux et arrosé par de beaux fleuves. Les Maures ont occupé une partie de ce pays, principalement la délicieuse province de l'Andalousie, où croissent en pleine terre les orangers, les grenadiers, les citronniers, et où le ciel, toujours pur, brille d'un vif éclat.

C'est de l'Espagne que partit Christophe Colomb

pour aller à la recherche du Nouveau-Monde, c'est-
à-dire de l'Amérique, qu'il découvrit, il y a près
de quatre cents ans, après avoir surmonté avec
une patience et une persévérance infatigables tous
les obstacles qui s'opposaient à son départ, et
avoir couru mille dangers de toute espèce.

La capitale de l'Espagne est Madrid, située sur
un plateau élevé de six cent deux mètres au dessus
du niveau de la mer; les nouveaux quartiers y sont
fort beaux et les rues parfaitement alignées. On y
remarque la promenade du Prado, le magnifique
pont de Tolède jeté sur le petit torrent du Man-
çanarés, et le palais du roi, un des plus beaux
de l'Europe. Le palais de l'Escurial dans lequel
se trouvent les tombeaux de tous les rois de ce
pays et qui est d'une magnificence extraordinaire,
sert de résidence à la cour pendant l'arrière-sai-
son. Burgos, autrefois très-commerçante et très-
riche, rivale de Madrid et de Tolède, a beaucoup
perdu de son antique splendeur; elle renferme
une cathédrale gothique fort remarquable.

Les Espagnols, quoique naturellement graves,
aiment beaucoup les fêtes, les spectacles et particulièrement les combats de taureaux. Je vais essayer de vous décrire aussi simplement que possible
un de ces fameux combats.

Lorsque les grands, les nobles, et des milliers de spectateurs de tout état et de tout âge, sont réunis dans l'amphithéâtre élevé pour ce genre de spectacle, la porte s'ouvre, et un taureau furieux, dont on excite encore la rage, est lancé dans l'arène. Un homme à cheval, armé d'une longue lance et appelé *picador*, se présente devant lui et réussit ordinairement à le blesser. S'il arrive que le cavalier soit blessé lui-même, et que son cheval déchiré par les cornes du taureau le renverse par terre, d'autres hommes s'avancent, tenant à la main des dards et des pièces de drap de différentes couleurs, pour détourner du *picador* terrassé l'attention du taureau. Ils effraient ce terrible animal avec les morceaux de drap, et ils le piquent de leurs dards; on les appelle des *chulos*.

Quand le taureau est en partie épuisé par les efforts qu'il a faits et les blessures qu'il a reçues, les *chulos* quittent l'arène, et un nouveau combattant appelé le *matador* entre à son tour. D'une main il tient un drapeau, de l'autre un poignard, et, après des essais souvent nombreux et infructueux, il parvient enfin à plonger son arme dans le cou du taureau. On jette alors une corde autour des cornes de l'animal sanglant, que

plusieurs chevaux entraînent au grand galop hors
de l'arène.

La cathédrale de Burgos

Ces combats à outrance sont le divertissement
favori des Espagnols; les femmes mêmes y as-

sistent en grande toilette et avec des transports d'admiration et de joie. Ces spectacles sanglants ne font pas honneur au caractère espagnol, et je prends, mes enfants, occasion de ce récit pour vous engager à ne jamais maltraiter les animaux que Dieu a créés, il est vrai, pour notre usage, mais non pour que nous prenions plaisir à les faire mourir dans de cruelles souffrances.

Le Portugal, voisin de l'Espagne, qu'il borne à l'occident, a pour capitale Lisbonne. Les Portugais et les Espagnols, qui vivent si près l'un de l'autre et qui ont tant de points de ressemblance, ne s'aiment pourtant guère, et leurs langues sont très-différentes. Le Portugal produit de beaux fruits et des vins célèbres, les oranges particulièrement y sont renommées.

La ville de Lisbonne est bâtie sur un terrain volcanique et exposé aux tremblements de terre. En dix-sept-cent-cinquante-cinq, il y en eut un si violent, qu'il ébranla tout le pays et détruisit presque entièrement la ville, dont les palais et les maisons furent bouleversés. Des gouffres s'ouvrirent lançant des flammes et engloutissant les hommes et les choses; des milliers d'habitants périrent dans cette effroyable catastrophe. Presque toute la ville dut être reconstruite.

Le plus remarquable monument de cette capitale, est l'aqueduc d'Alcantara, qui a trente-cinq
arches et qui est construit en marbre blanc. Elle
a vu naître un grand poëte appelé Camoëns qui,
toute sa vie, fut poursuivi par l'adversité, et finit,
croit-on, par mourir à l'hôpital.

Il est encore un pays en Europe dont je ne
vous ai pas parlé, parce que, lors de mon premier
voyage, il était réuni à la Hollande, dont il diffère
pourtant essentiellement par le langage et la religion; c'est la Belgique.

La Belgique est une contrée riche et fertile,
contiguë au nord de la France. Ce petit royaume
est un des plus peuplés eu égard à son étendue,
et il n'est pas moins riche par son industrie que
par la fertilité de son sol. Après avoir appartenu à
l'Espagne, puis à l'Autriche, puis à la France;
après avoir été soumises à la Hollande, les provinces
belges formèrent enfin en 1830 un Etat séparé
sous un gouvernement constitutionnel. On y remarque plusieurs villes très-importantes : Liége,
qui fournit dans le monde entier ses armes à feu
de toute espèce; Gand, et surtout Anvers, dont
le port est très-important, et a fait de cette cité
un vaste entrepôt de marchandises de tous les
pays.

La capitale est Bruxelles, charmante ville, où j'ai été témoin, de belles fêtes publiques. Vous vous seriez beaucoup amusés à voir les cortéges historiques dans lesquels sont portés sur de grands chars, et dans les costumes du temps, les personnages célèbres qui ont gouverné ou illustré le pays. D'autres représentent les provinces de la Belgique, avec leurs différentes industries ou leurs produits particuliers, et l'ensemble forme un spectacle à la fois instructif et intéressant.

Voici notre voyage d'Europe bien promptement terminé; mais ces premières notions vous feront, je l'espère, naître le désir de mieux connaître les diverses contrées dont nous venons de parler. — Si vous le voulez, demain nous pourrons nous diriger vers une autre partie du monde et entrer en Asie.

« Oh! oui, oui, mon cher oncle, bien volontiers, et merci, » dirent à la fois les trois enfants. Puis, Louise ajouta:

« Mon oncle, voudriez-vous demander à Jeanne les noms, soit des pays de l'Europe, soit de leurs capitales, et lui faire quelques autres questions? Je crois qu'elle saura y répondre.

— Est-il vrai, ma petite Jeanne, dit l'oncle Charles, as-tu pu retenir tout cela?

— Oui, mon oncle, dit Jeanne, car Louise a bien voulu me le faire répéter tous les matins. »

Le bon oncle fit toutes les questions nécessaires, auxquelles la petite Jeanne répondit imperturbablement et sans se tromper une seule fois.

Qui fut heureuse, si ce n'est Louise, toute fière du succès de sa sœur, et récompensée par ce succès, de la peine qu'elle avait prise ! Toutes deux furent tendrement embrassées et louées, l'une de sa complaisance, l'autre de son application et de sa docilité ; et elles allèrent se coucher, toutes joyeuses de l'approbation de leurs parents.

RÉCITS SUR L'ASIE

La suite des récits était impatiemment attendue par les enfants; mais, avant de les commencer, M. de Mareuil engagea son jeune auditoire à regarder attentivement la carte, depuis le pôle arctique jusqu'à l'océan indien, et depuis la Turquie jusqu'au Japon. Quand tous l'eurent bien examinée, M. de Mareuil s'exprima ainsi :

« Je veux, mes enfants, avant d'entamer nos récits de voyage, vous distraire par une anecdote qui à coup sûr vous intéressera; je vais vous raconter l'histoire de ce qui arriva un jour à un tigre et à un crocodile, et comme vous n'avez pas encore vu quelqu'un de ces féroces animaux, écoutez-en la description.

Le tigre est un grand animal, des plus féroces, que l'histoire naturelle range dans la même famille que le chat : il est couvert d'une peau magnifique qui cache les instincts les plus cruels.

Le crocodile est un long et horrible reptile, de la forme d'un énorme lézard, avec une gueule effroyable et deux mâchoires armées chacune d'une double rangée de dents aigües et tranchantes qui broient facilement tous les objets qu'elles saisissent; son corps est revêtu d'une écaille extrêmement dure, et, d'un mouvement de sa queue, il terrasse aisément un homme. Il vit dans les rivières, plonge et reparaît à la surface. Très-prompt et très-agile dans l'eau, il rampe sur la terre avec difficulté.

Un vaisseau faisait voile vers l'embouchure d'une rivière afin de se procurer de l'eau fraîche; vous savez que l'eau de la mer est salée et non potable. Quelques-uns des matelots entrèrent donc dans la rivière pour y prendre de l'eau, tandis que d'autres descendirent à terre. L'un de ceux-ci s'étant éloigné sur la rive à une distance assez considérable, arriva jusqu'à un endroit si délicieux, qu'il ne put résister au désir de s'y asseoir. Les arbres et les buissons chargés de fruits mûrs et de fleurs odoriférantes, retentissaient du joyeux caquetage d'une multitude d'oiseaux, au brillant plumage, qui voltigeaient de branche en branche.

Notre homme, enchanté, ne pouvait se lasser d'admirer la beauté du site, et reposant à l'ombre des bois, il jouissait avec délices de la fraîcheur.

Tout-à-coup il entend un bruit étrange, et, tournant la tête, il voit distinctement, à la surface transparente de l'eau, un énorme crocodile arrêté près de lui et le regardant fixement.

Le pauvre matelot eut à peine le temps de se remettre sur les pieds avant que les grandes mâchoires de l'affreux reptile s'élevassent au dessus de l'eau pour engloutir leur proie. Il grimpe précipitamment sur un rocher voisin, où il se croyait en sûreté, quand un nouveau danger, encore plus effrayant, vint le menacer. Directement en face de lui, un tigre monstrueux était couché dans les broussailles.

Pendant un instant, aussi rapide que l'éclair, le matelot regarda le tigre avec un mélange d'étonnement et d'horreur, puis, d'un mouvement instinctif, se jeta lestement de côté pour éviter la première attaque. En même temps, avec l'agilité d'un chat, le tigre bondit hors de sa tanière, et les yeux enflammés, les griffes étendues, il se précipite sur sa victime en poussant un affreux rugissement. Mais l'homme, grâce à la vivacité de son mouvement, avait su éviter l'attaque du monstre, et le tigre, ne faisant que le frôler au passage, fut entraîné par sa première impulsion jusque tout auprès du crocodile.

Alors les deux monstres engagèrent entre eux une lutte mortelle. Le crocodile attira le tigre dans l'eau, où tous deux, tour à tour, s'élevant ou s'enfonçant, s'épuisaient en efforts pour remporter la victoire. L'eau bouillonnait autour d'eux teinte de sang jusqu'à une distance considérable; ce spectacle était effrayant. Enfin, le tigre parut à la surface, dans un état complet d'épuisement; puis, poussant un hurlement plaintif, il enfonça pour ne plus reparaître. L'eau se referma sur lui, et le matelot ne vit plus rien des deux horribles combattants.

Il avait assisté à cette scène avec un effroi mêlé de curiosité; et quand elle eut pris fin, il se laissa tomber à genoux et remercia le Ciel de sa délivrance inespérée; puis, regagnant son navire, il raconta, tout ému, à ses camarades l'étrange aventure qui venait de lui arriver.

Eh bien! mes enfants, où croyez-vous que ce fait se soit passé? Ce n'est pas en Amérique, car il n'y a là ni tigres ni crocodiles. Ce n'est pas en Afrique, car il n'y a pas de véritables tigres dans ce pays; le tigre africain est une panthère. Où donc? c'est en Asie, dans cette partie du monde, où je veux vous mener aujourd'hui.

Là, on trouve aussi des sangliers, très-sauvages et très-féroces. J'ai connu un jeune artiste qui voyageait dans les Indes, afin de lever les croquis des plus belles vues de ces contrées. Un jour, pendant qu'il dessinait avec beaucoup d'application, il entendit du bruit. assez près de lui, et, s'étant retourné, il aperçut un de ces cruels animaux dans les broussailles. Heureusement, il avait un bon fusil, dont il savait se servir; il visa le sanglier et le tua sur le coup. J'ai vu le croquis qu'il faisait au moment où il aperçut la bête féroce, et qu'il termina ensuite en y ajoutant sa propre personne et le sanglier sur le point de s'élancer sur lui.

Maintenant reprenons notre sujet. Vous savez que la terre est ronde; l'Asie, par rapport à nous, est à l'orient, comme l'Amérique est à l'occident. Si vous prenez une longue épingle et que vous l'enfonciez dans une pomme, supposé que la place où vous l'enfoncerez soit l'Amérique, la place où elle sortira sera l'Asie. L'Europe se trouve entre ces deux parties du monde.

L'Asie est une immense contrée, plus grande que l'Europe, l'Afrique et l'Amérique; et elle est plus peuplée que tout le reste de la terre. C'est en Asie que vivaient Adam et Eve dans le Paradis terrestre; c'est encore en Asie qu'ont vécu notre divin Sauveur, Moïse, David, Salomon, et tous les personnages célèbres des divines Ecritures, et c'est là que se sont passés les événements les plus importants qui se rapportent à l'histoire de notre sainte religion. Cette grande partie du monde est divisée en treize contrées principales, comme vous le verrez par la carte sur laquelle je vous engage à suivre mes récits.

Dans la région septentrionale se trouve la Sibérie, pays froid, désolé, habité en grande partie par des hommes de petite taille, couverts de fourrure en hiver, qui vivent dans de petites cabanes et qui, comme les Lapons, se font traîner sur la glace par des rennes. C'est là qu'était exilé Lopouloff, père de Prascovie, dont je vous ai raconté l'histoire.

Au sud de la Sibérie confine l'empire chinois, qui comprend la Chine proprement dite et plusieurs pays tartares. Les Tartares sont un peuple nomade, c'est-à-dire errant, qui vit sous des tentes et dont la richesse consiste en nombreux troupeaux, qu'ils conduisent d'un lieu à un autre, ne séjournant en chaque contrée qu'autant qu'il plaît à leur nature vagabonde. Ce sont d'excellents cavaliers, passionnés pour la chasse et les exercices guerriers, pleins de mépris pour ceux qui se logent dans des habitations solides et mènent une vie sédentaire. Ils ont avec eux de grandes chaudières dans lesquelles leurs femmes font cuire la viande sous la tente; mais quand ils sont en course, ils mangent la viande crue, après l'avoir mortifiée en la mettant, pendant qu'ils galopent, sous la selle de leurs chevaux.

La Chine proprement dite est la partie méridionale de l'empire chinois. C'est un pays très-peuplé, et traversé en tous sens par des fleuves immenses et un grand nombre de canaux, sur lesquels naviguent des multitudes de bateaux qui transportent des marchandises dans toutes les provinces de l'empire.

Un peu à l'est de la Chine, est un groupe d'îles dont la plus grande s'appelle Niphon ; ces îles constituent l'empire du Japon. Les Japonais sont très-intelligents, mais si défiants, qu'ils ne permettent pas aux Européens de pénétrer dans leur pays.

Au sud de l'empire chinois, vous voyez une grande étendue de terre s'avançant dans l'Océan. C'est la Chine indienne ou Indo-Chine. Elle contient plusieurs nations, dont la principale est celle des Birmans. Dans ces contrées, on monte les éléphants comme nous montons les chevaux.

A l'extrémité de l'Indo-Chine, remarquez une pointe de terre, qui s'avance dans la mer, au sud-est. Cette presqu'île s'appelle Malacca. Les Malais sont une race sauvage et cruelle, et le pays est infesté par beaucoup de tigres et de crocodiles.

En vous reportant à l'ouest de l'Indo-Chine, vous apercevez le pays des Indous, appelé l'Indoustan; il est aussi appelé l'Inde, et appartient maintenant aux Anglais. Les Indous noient leurs enfants, croyant ainsi se rendre agréables à leurs faux dieux. Il y a quelques années les peuples de l'Inde se sont soulevés contre les Anglais, et ils ont exercé, sur leurs dominateurs et sur quelques autres étrangers, des atrocités dont le récit vous ferait frémir. On croyait l'Inde perdue pour les Anglais; mais ceux-ci ont combattu la révolte avec tant de courage et d'énergie, qu'ils l'ont enfin étouffée. Il est fâcheux qu'on ait le droit de les accuser de s'être vengés, comme il arrive trop souvent, avec une cruauté égale à celle dont leurs compatriotes avaient été victimes.

Autrefois les vaisseaux à voiles (car les bateaux à vapeur ne sont connus que depuis moins d'un siècle) mettaient jusqu'à six mois pour faire le voyage de l'Angleterre aux Indes; aujourd'hui un marchand, en se rendant à Alexandrie par le détroit de Gibraltar, et descendant un canal qui le conduit au grand fleuve appelé le Nil, traverse le désert, du Caire à la mer Rouge, et peut arriver aux Indes en moins de six semaines. Il vous est facile de suivre sa route sur la carte. Vous voyez qu'elle a été fort abrégée; mais elle le sera bien autrement lorsque, comme on l'espère, on aura percé l'isthme de Suez (cette langue de terre qui joint l'Afrique à l'Asie). Par ce travail gigantesque, qui sera dû à l'un de nos compatriotes, M. de Lesseps, la mer Méditerranée sera mise en communication avec la mer Rouge.

Le Belouchistan comprend différentes tribus de peuples barbares, voleurs et sanguinaires.

L'Afghanistan ou Caboul, situé au nord du Bélouchistan, est peuplé par une nation adonnée à la guerre et à la chasse.

La Perse, à l'ouest de l'Afghanistan, était autrefois occupée par un peuple fort célèbre dans l'histoire. C'est là que régnait le fameux Cyrus, qui a délivré le peuple de Dieu et l'a renvoyé à Jérusalem en lui permettant de rebâtir son temple. A cette époque, les Perses étaient simples, braves et sobres. Leurs mœurs étaient bien changées lorsque Alexandre, grand conquérant, s'empara de leur pays. Les Perses vivaient alors dans le luxe et la magnificence, portaient de longues robes d'étoffes magnifiques, et se couvraient de pierres précieuses, de perles et de diamants. Ils se peignaient le visage, croyant sans doute par là se rendre plus beaux que dans le temps où une vie sobre et laborieuse en faisait des hommes robustes et vertueux. Mais voyez la différence! à cette époque, ils avaient conquis Babylone et beaucoup d'autres pays; et plus tard, lorsqu'ils furent devenus mous et efféminés, ils furent subjugués à leur tour par Alexandre, qui, contractant lui-même leurs vices, mourut très-jeune, après avoir perdu, au milieu d'eux, les vertus qui avaient fait sa force.

Vous voyez, mes enfants, que, tôt ou tard, la punition suit la faute, et que pour être heureux, même en ce monde, il faut rester honnête et vertueux.

Les Perses modernes, plutôt nommés les Persans, n'ont qu'une importance tout à fait insignifiante.

Au nord de la Perse, se trouve la Tartarie indépendante, hérissée de hautes montagnes et habitée par une nation de brigands.

A l'ouest de la Tartarie indépendante, vous rencontrez un grand lac salé, ou plutôt une mer intérieure, appelée la mer Caspienne. La côte occidentale de cette mer est limitée par les contrées caucasiennes, dont les habitants sont remarquables par leur beauté, particulièrement les Georgiens.

Au sud-ouest des contrées caucasiennes se trouve la Turquie. Nous avons déjà parlé de la Turquie d'Europe ; il s'agit maintenant de la Turquie d'Asie, gouvernée par le sultan, qui réside à Constantinople. C'est ce qu'on appelait jadis l'Asie Mineure.

Au sud de la Turquie d'Asie, on voit l'Arabie. Les Arabes sont un peuple nomade qui vit sous des tentes et dont les nombreux troupeaux fournissent à tous leurs besoins. Ils ont beaucoup de chameaux et les plus beaux chevaux du monde. Le lait de leurs chameaux constitue une des principales parties de leur nourriture, et ils se servent dans leurs pérégrinations, de ces animaux pour transporter leurs tentes. Lorsque les Arabes arrivent dans un endroit qui leur convient, ils y plantent leurs tentes, et aussitôt un village semble s'élever comme s'il était sorti des sables du désert.

Vous connaissez maintenant, mes enfants, les principales divisions de l'Asie, et vous savez quelles sont les nations et les tribus qui les habitent. Aucun de ces peuples, bien qu'ils ne soient pas noirs comme les nègres, n'a la peau blanche comme les Européens. Il y a peu de chrétiens en

Asie, et ceux qui le sont n'ont qu'une connaissance imparfaite du christianisme. C'est bien triste
à penser, mais on peut espérer qu'il viendra des
jours meilleurs pour ces malheureux peuples. De
nouveaux traités avec la Chine promettent à nos
zélés missionnaires la libre entrée de ce pays et
le libre exercice de la religion chrétienne ; après
avoir si long travaillé au prix de tons les sacrifices
et au péril de leur vie, à la propagation de la foi,
c'est-à-dire à la diffusion des lumières de la véritable civilisation, ils recueilliront le fruit des fatigues et des souffrances qu'ils ont endurées pour
dissiper dans ces vastes contrées les ténèbres de
l'idolâtrie. Déjà Pékin a vu s'élever une nouvelle
cathédrale catholique, et nos religieuses y font
bénir leurs prodiges de charité.

Vous penserez peut-être qu'avec cela vous n'en
savez pas assez sur une partie du monde telle que
l'Asie. Eh bien ! voyageons-y encore, et, comme
la plupart des marchands ou des explorateurs,
embarquons-nous ensemble dans un des ports
de l'Angleterre.

Partons par exemple de Liverpool ou de Southampton, suivant qu'il nous sera plus commode; nous traverserons l'océan Atlantique, dans la direction du midi; nous longerons l'Afrique, à la pointe de laquelle est un cap appelé le Cap de Bonne-Espérance; nous *doublerons* ce cap, comme disent les marins, ce qui signifie que l'on en fait le tour, et nous entrerons dans l'océan Indien. Cet océan est large de mille lieues environ; nous le traverserons dans une direction orientale. Nous approcherons bientôt de plusieurs grandes îles; puis, passant entre elles, et *cinglant* vers le nord, nous arriverons en Chine.

J'ai traversé moi-même cet océan Indien. Nous étions sur le vaisseau Kien-Long. Un jour, nos yeux furent frappés de la vue de quelque chose d'extraordinaire, qui ressemblait de loin au dos d'un éléphant; nous le prîmes ensuite pour un épais nuage; mais quand nous en approchâmes, nous vîmes que c'était une île, couverte de pics de montagnes si noirs et si escarpés, que l'aspect en était tout à fait lugubre.

Il y a dans cette partie méridionale et dans cette partie orientale de l'Asie un grand nombre d'îles très-peuplées dont plusieurs sont considérables; elles produisent beaucoup de denrées qui ont une grande valeur commerciale; telles que les épices appelées muscades, poivre, clous de girofle, camphre et autres. Je passai entre deux de ces îles : l'une était Sumatra, et l'autre Java.

Nous avancions toujours, et nous entrâmes dans la mer de Chine; puis, remontant vers le nord, nous nous trouvâmes enfin à l'embouchure d'un très-grand fleuve. Il y avait là quantité d'îles qui rendaient assez difficile la direction de notre vaisseau.

Nous arrivâmes enfin à la ville de Macao, située sur une presqu'île de la baie de Canton. Elle a été bâtie par les Portugais, il y a près de trois siècles; c'était une place fort considérable, mais elle a beaucoup perdu de son importance. Nous continuâmes de remonter la rivière, et nous approchâmes de Canton. Les bords du fleuve sont admirablement cultivés; les plaines, les talus, les collines même, qui s'avancent dans la mer, sont couverts de fruits, de grains, de végétaux, et tout le paysage, sur les deux rives, offre l'aspect d'un beau jardin.

La surface des eaux présentait une quantité innombrable de bateaux de toutes formes et de toutes grandeurs; ils sont très-différents des bateaux an-

glais ou français. Sur beaucoup d'entre eux, deux
yeux étaient peints à la proue, qui est le devant du
bateau, et la poupe, en arrière, représentait des
figures de bêtes, d'oiseaux ou de serpents. Les
uns marchaient lentement; d'autres glissaient sur
la rivière avec rapidité, comme des oiseaux fen-
dant les airs. C'était un étrange et superbe spectacle. L'air était doux et embaumé; les terres
offraient la plus brillante végétation, et les rives
du fleuve, couvertes de maisons, étaient animées
par la multitude d'hommes et de femmes qui s'y
livraient à leurs différentes occupations.

Tout cela me fit d'abord l'effet d'un rêve.
Les maisons ne ressemblaient en rien à aucune
de celles que j'avais vues; la manière de cultiver
les champs, les plantes, les arbres, avait un
caractère tout particulier; le teint, les traits, le
costume des gens du peuple, tout était nouveau
pour moi.

Je me tenais sur le pont du vaisseau, con-
templant avec admiration tous les objets qui étaient
autour de moi, lorsque, tout à coup, des cris perçants s'élevèrent de l'un des bateaux; ils furent
suivis d'un craquement terrible, et de nouveaux
cris de détresse se firent entendre. Je regardai vite
du côté d'où venait le bruit, et je découvris que

notre embarcation avait culbuté l'un des bateaux, lequel contenant trois hommes et deux femmes. Ces pauvres gens furent entraînés sous le navire, et je ne doutai pas qu'ils ne dussent être promptement noyés; mais à ma grande surprise et à ma grande joie, je les vis bientôt au milieu des flots agités, à la poupe du vaisseau, nageant comme des canards, enfonçant et remontant avec les vagues, semblables à des bouchons de liége. On les recueillit immédiatement sur un autre bateau, et personne ne périt.

Nous arrivions à Whampoa, qui est à quatre lieues environ de Canton. Là, notre navire dut s'arrêter; car il n'est pas permis aux bâtiments étrangers de remonter le fleuve jusqu'à Canton. On dut mettre les marchandises sur d'autres bateaux pour les transporter dans cette ville.

La ville de Canton est presque carrée, et entourée de murs épais, dans l'enceinte desquels il n'est permis à aucun étranger de pénétrer. Les rues sont longues et droites, le plus souvent pavées de pierres taillées; elle sont entretenues avec une grande propreté; plusieurs sont couvertes de toits formant des arcades, sous lesquelles on trouve des boutiques pleines de riches et belles marchandises,

Les maisons, bâties en briques, n'ont qu'un étage, sans fenêtres donnant à l'extérieur. Les rues sont remplies de monde , surtout de *porteurs ;* car il n'y a là , bien entendu , ni équipages , ni voitures de place , ni voitures de transport. Tous les fardeaux, même les chinois et les chinoises qui sont trop riches ou trop paresseux pour se donner la peine de marcher, sont portés dans des litières par des hommes. Ces porteurs ont la tête , les jambes et les pieds nus ; ils sont revêtus d'une espèce de petite jaquette courte ; et leurs cheveux nattés, qui sont durs , noirs , et qui ont près d'un mètre de long, pendent comme une longue queue derrière leur dos.

Il se fait à Canton un commerce immense. On peut compter parfois jusqu'à cinq mille navires étrangers à Whampoa, et quand ils y sont rassemblés, leurs innombrables mâts ressemblent à une grande forêt. Ces vaisseaux viennent de toutes les parties de l'Europe et de l'Amérique. Pourtant les Chinois n'ont guère besoin des produits et des marchandises des autres contrées, leur propre pays étant si fertile, et eux-mêmes si industrieux, qu'ils trouvent chez eux tout ce qu'il leur faut. Les vaisseaux étrangers n'apportent donc en Chine que l'argent monnayé, l'opium et quelques autres articles, tandis que les indigènes, attirés par le numéraire qui afflue à Canton, accourent de toutes les pro-

Jonques chinoises

vinces du Céleste-Empire présenter aux étrangers toutes sortes de marchandises.

Ces marchandises consistent en thés, porcelaines, belles poteries, nankins, soieries, or en barres, nacre de perles, et divers objets travaillés en ivoire. Elles sont transportées à Canton par des canaux qui mettent en communication toutes les parties de l'empire. On voit en tout temps des milliers de bateaux appelés *jonques* chargés de marchandises, descendre la rivière appelée *le Pé-Kiang*, qui est navigable sur une longueur de cent lieues, au milieu d'un pays fertile et bien cultivé.

Comme je vous l'ai déjà dit, à l'époque où je suis allé en Chine, aucun étranger n'avait la permission d'y pénétrer. Ils devaient rester dans les faubourgs de Canton, où un quartier leur était réservé.

Ces faubourgs sont très-étendus et composent à eux seuls une grande ville. C'est là que beaucoup d'Américains, d'Anglais, et d'autres Européens résident, pour surveiller et protéger le commerce de leur pays. Il s'y trouve aussi un grand nombre de fabriques de soie, dont plusieurs appartiennent à des étrangers.

A trois milles environ de Canton, il y a une espèce de cité appelée la ville des Bateaux. Elle consiste en quarante mille bateaux, à peu près, qui couvrent la rivière et constituent une sorte de cité flottante. Tous ces bateaux, rangés de manière à former des rues, touchent l'un à l'autre. Ceux qui les habitent n'ont pas d'autre demeure, et il leur est défendu de former des établissements sur la côte. Chaque bateau loge une famille, y compris les grands parents, les enfants et petits enfants. La population de cette ville extraordinaire paraît être de cent mille âmes.

Le pays qui environne Canton est sain et très-beau; on y trouve en abondance tout ce qui est nécessaire à la vie et même à ses délicatesses. A l'époque où j'ai visité la Chine, Canton était la seule ville où il fût permis aux Européens de commercer. Mais ceux-ci désiraient toujours pénétrer plus avant, et le résultat des dernières guerres leur en a heureusement ménagé les moyens. Les traités récemment conclus permettent désormais aux Français, aux Anglais, aux Russes et aux Américains le libre accès de la Chine. Ils pourront avoir des ambassadeurs à Pékin; et ce qui est plus heureux encore, la religion chrétienne pourra y être librement pratiquée, de sorte que nos missionnaires n'y seront plus martyrisés ou torturés ni même inquiétés. Voilà du moins ce qu'on vient de stipuler; et quoique l'expérience du passé puisse

autoriser à douter de la bonne foi du gouvernement chinois, il faut espérer que, de gré ou de
force, il tiendra ses engagements.

Le principal article d'exportation en Chine est
le thé, dont les étrangers tirent, dit-on, quarante
millions de *livres* par an. Les soins relatifs au
commerce sont dévolus à un conseil appelé
Hong. Ce conseil est composé de douze ou quatorze riches marchands. Les négociants chinois sont
très-honorables dans leurs relations commerciales,
quoique les friponneries des subalternes qu'ils emploient les aient fait quelquefois soupçonner de four-
berie. Un de mes amis reçut un jour en cadeau
une caisse de thé qui lui était envoyée de Chine.
En ouvrant la caisse, il trouva que le milieu était
rempli de sciure de bois, et il ne douta pas
qu'elle n'y eût été mise par les gens qui avaient
été chargés d'emballer le thé ou de le porter au
vaisseau.

Après nous être entretenus de Canton, qui,
jusqu'à présent, a été pour nous la ville la plus
importante de la Chine, nous allons dire quelque
chose de cet empire en général.

La Chine est un très-vaste pays, prodigieuse-
ment peuplé. On prétend que huit Chinois se
trouveraient à l'aise où deux Français sont gênés.

On demandait à un Chinois, amené à Paris il y a une dizaine d'années, comment il trouvait cette ville. « C'est assez joli, répondit-il, mais c'est si petit et si désert! » Je ne sais si la plupart des rues, telles qu'elles sont aujourd'hui, lui auraient paru suffisamment larges. On assure que la Chine contient plus deux ou même de trois cent millions d'habitants. Très-peu d'Européens, excepté nos missionnaires, ont pu voir l'intérieur du pays, à cause de la difficulté qu'il y avait à s'y introduire.

Un Ecossais, qui parlait très-bien le chinois, ayant pris le costume des indigènes, traversa Canton et fit plus de cent cinquante milles sans être inquiété; mais enfin on le reconnut pour un étranger, et il fut renvoyé sur-le-champ, avec l'avertissement que si jamais il renouvelait la même tentative, il la paierait de sa tête. Les Chinois disent eux-mêmes qu'il y a en Chine plus de quatre mille villes, que les côtes sont défendues par quatre cent trente-neuf châteaux, et que les villages qui couvrent le pays sont innombrables. L'armée serait d'un million d'hommes. Tout cela peut être vrai; mais quant à la valeur des châteaux forts et de l'armée qui défend l'empire de la Chine, nous en avons fait en 1860 une expérience qui permet de ne pas les craindre.

Presque toute la surface de la Chine est admirablement cultivée ; les montagnes mêmes sont mises en rapport. Comme anciennement en Judée, on bâtit des murs pour supporter les terres, et au moyen de pompes, l'on y fait monter l'eau pour les arroser et les fertiliser.

Ainsi que je vous l'ai déjà dit, la Chine est traversée en tous sens par de nombreux canaux, dont le principal, appelé le Canal Impérial s'étend de Canton à Pékin. Ces deux villes sont à plus de trois cents lieues l'une de l'autre, et le canal, à cause de tous ses détours, a plus de cinq cent cinquante lieues de longueur.

La chose la plus curieuse et la plus remarquable du Céleste-Empire est la grande muraille qui est bâtie toute en pierres et qui a cinq cents lieues de long. Elle traverse les vallées, les montagnes, et elle est généralement haute de trente pieds. Elle est si épaisse et si large que six hommes à cheval peuvent y galoper de front. Cette muraille borne la Chine au nord, et elle a été élevée, il y a bien des siècles, pour protéger le pays contre les fréquentes invasions des Tartares. C'est la construction la plus gigantesque qui soit sortie des mains des hommes, et le témoignage le plus évident de la patience opiniâtre des Chinois.

L'empereur de Chine réside à Pékin, qui est une des plus grandes villes du monde. Pékin est entouré de hautes murailles et exactement carré. Les rues y sont droites; plusieurs ont une lieue de longueur. La foule qui ne cesse de s'y presser est presque incroyable, et l'on y voit un nombre incalculable de mules, de chariots, de chameaux et d'équipages. Ce qu'il y a de singulier, c'est que au milieu de cette quantité de personnes qui circulent, on ne découvre pas une femme. En voici la raison. Dès que les petites Chinoises ont atteint l'âge de sept ans, on enferme leurs pieds dans des espèces de chaussures excessivement étroites, qui les serrent, les contournent et les empêchent de croître. De plus, comme tous les doigts sont resserrés sous la plante du pied, ils ôtent absolument aux pauvres femmes la faculté de marcher; ou, du moins, elles ne peuvent le faire qu'avec la plus grande peine et avec une souffrance qui doit nécessairement leur en ôter le désir.

Le palais de l'empereur, dans la ville, couvre un espace de près d'une lieue et demie de circonférence, et présente un assemblage de vastes bâtiments, de kiosques, grandes cours et de magnifiques jardins; ce palais est entièrement entouré d'une double muraille.

Nankin (c'est-à-dire *la cour-du-midi*) est une autre ville très-renommée de la Chine. Elle était une des plus grandes de l'empire, mais elle a beaucoup perdu de son importance. Le mur dont

PÉKIN

Vue du palais impérial et du parc.

elle est entourée a plus de cinq lieues de circonférence. On trouve à Nankin un grand nombre de manufactures de soie et d'autres. Cette ville a donné son nom à une espèce d'étoffe de coton jaune qui est très-connue.

Hors des murs de la ville, au milieu des vastes
bâtiments d'un couvent de bonzes, s'élève la fameuse tour de Nankin, la plus remarquable des
prétendues tours de porcelaine en Chine. Elle a,
dit-on, quatre cents ans d'existence. Haute de deux
cents pieds, elle est divisée en neuf étages, et
l'on y monte par huit cent quatre-vingt quatre
marches. Aux coins des corniches de toutes les
galeries, pendent des cloches sans nombre, qui
produisent, quand elles sont agitées par le vent,
des sons clairs et très-agréables... au moins pour
des oreilles chinoises.

Le gouvernement de la Chine est ce qu'on appelle
absolu; c'est-à-dire que la volonté de l'empereur
n'est contrôlée par aucune loi, qu'il peut faire tout
ce qu'il lui plaît, et qu'il dispose arbitrairement de
la vie et des biens de tous ses sujets; en sorte que
s'il est disposé au mal, rien ne peut s'opposer aux
mauvaises actions qu'il voudrait commettre. Le
peuple chinois obéit à son autorité avec la soumis-
sion la plus aveugle et la plus servile. On lui donne
les titres de Fils du ciel, de seul maître de toute la
terre, etc., etc., et beaucoup d'autres non moins
pompeux. Il est quelquefois entouré d'une garde de
quarante-mille soldats avec leurs drapeaux et leur
musique. Dans ces circonstances solennelles, des

princes nombreux, des grands de l'empire, et souvent même des rois tributaires, rehaussent par leur présence l'éclat des fêtes.

Tel est le respect porté à l'empereur, qu'il est d'usage de s'agenouiller devant ses mandats ou ses ordres écrits, et que l'on ne paraît pas en sa présence sans toucher neuf fois la terre de son front. Peu d'années après mon voyage en Chine, un ambassadeur d'Angleterre fut renvoyé sans avoir pu être admis à une audience de l'empereur, parce qu'il avait refusé de se soumettre à ce cérémonial.

On sait peu de chose de la religion des Chinois lettrés, c'est-à-dire savants. Ils ont un grand respect pour les opinions de Confucius, ancien philosophe très-célèbre. Le peuple chinois est païen ; il adore des idoles, principalement une divinité qui porte le nom de Fo. Il a beaucoup de temples remplis d'idoles gigantesques, pour lesquelles il montre une grande vénération et auxquelles il attribue une grande puissance. On appelle les prêtres *bonzes*. Ces pauvres gens sont aussi ignorants que superstitieux ; leur religion, s'il est possible de donner le nom de religion au culte de leurs idoles, ne peut les rendre ni bons, ni sages, ni heureux dans ce monde, encore moins les préparer au bonheur de l'autre vie.

Nos intrépides et généreux missionnaires ont souvent pénétré en Chine, au péril de leur vie, pour évangéliser les Chinois, dont l'ignorance de toute vérité chrétienne est si digne de compassion ; ils y ont bravé les plus affreux supplices et souffert le martyre ; mais plus d'une fois, Dieu merci, ils sont parvenus à travailler avec quelque succès à la conversion de ces pauvres infidèles. Cependant le nombre des convertis est encore bien minime. Je lisais, il y a huit ou dix ans, des lignes écrites par un lieutenant de vaisseau qui a fait une croisière dans la mer de Chine et visité Canton ; il disait qu'ayant eu l'occasion de voir alors quelques familles chinoises catholiques, dans leur intérieur, il avait reconnu que leurs habitudes de vie et leurs vertus privées offraient le contraste le plus frappant et le plus édifiant avec le caractère et les habitudes des autres familles.

Ici Mme Du Plessis prit la parole.

« J'ai eu, dit-elle, il y a dix ans, l'honneur et le plaisir de déjeuner et de passer une matinée avec l'évêque actuel de la mission de Canton, qui était venu en France pour affaires. Nous avons été profondément émus et attendris jusqu'aux larmes, des détails que nous a donnés cet excellent homme, avec une simplicité, une douceur et une humilité incomparables, sur les travaux et les résultats de la mission. Sous le calme et la modeste dignité de ses paroles, on sentait vibrer l'ardente foi, le zèle infatigable du missionnaire, et ses simples récits échauffaient nos cœurs et forçaient nos larmes plus que ne l'eût fait la plus vive éloquence.

» Il aime les Chinois; il dit qu'il a trouvé dans les convertis la foi ardente, la fermeté inébranlable des premiers chrétiens, et il nous en a cité les exemples les plus touchants. J'en choisirai deux seulement, parmi tous ceux dont le récit a fait sur nous une impression ineffaçable.

» Il faut d'abord vous dire, mes enfants, que la mission de Canton se compose de plus d'un million d'âmes et s'étend à plus de trois cents lieues. Il n'est pas possible à l'évêque ni aux missionnaires de se montrer dans les villages; et s'ils le font dans quelques circonstances, c'est en exposant leur vie. Ils s'établissent d'ordinaire dans un bateau, où ils restent cachés, n'en sor-

tant que la nuit et rarement, quand les néophytes
peuvent sans danger leur faire faire une petite
promenade; mais ils ne laissent pas pour cela de
travailler assidûment à la conversion des idolâtres.
Ils ont formé des catéchistes, convertis par eux,
à qui ils donnent leurs instructions, qui leur
rendent compte de leurs travaux et qui leur
amènent, pendant la nuit, ceux auxquels ils ont
enseigné les premières vérités de la foi, pour
que *le Père* (c'est ainsi qu'on nomme le missionnaire) achève de les instruire et leur donne
le baptême. Les catéchistes chinois sont entretenus
aux frais de la mission et rendent les plus grands
services par leur zèle apostolique.

» Le bon évêque nous contait donc qu'une
femme chinoise, convertie depuis un an, était un
jour venue le trouver. Les convertis abordent toujours le Père en se mettant à genoux pour recevoir sa bénédiction, et lui baisent la main. C'est
ce que fit avec beaucoup de respect et de dévo-
tion, la femme dont nous parlons et qui était ac-
compagnée de deux enfants; mais elle avait l'air
fort triste et abattue.

« Eh bien, ma fille, lui dit l'évêque, que vous
est-il arrivé depuis que nous ne nous sommes
vus? »

» La pauvre femme écarta modestement son vêtement et lui montra ses épaules qui étaient couvertes de profondes cicatrices. Elle lui fit également voir ses bras entièrement labourés par des traces de blessures et de coups. « C'est mon mari, dit-elle, qui m'a traitée ainsi, à cause de ma foi. »

» Le bon Père attendri lui dit :

« Mon enfant, au milieu de tous ces tourments, ne vous êtes-vous pas repentie de vous être faite catholique? n'avez-vous jamais murmuré contre la providence de Dieu?

— Jamais! mon père, répondit-elle. Voici mes deux derniers enfants que j'amène pour que vous les baptisiez; après cela, mon mari fera de nous ce qu'il voudra. »

« N'est-on pas ému jusqu'au fond de l'âme par la sublime simplicité de ces paroles?

» Un jeune garçon de quatorze ans avait été converti, baptisé, puis était retourné chez son père. Au bout de quelque temps, celui-ci s'aperçut d'un changement qui s'était opéré en son fils, et remarqua qu'il ne se joignait plus à la famille pour adorer ses dieux. Il le prit donc un jour à part, et lui dit: « Mon fils, tu n'es plus le même, tu ne prends plus de part à nos prières et à nos cérémonies;

je crains que tu n'aies prêté l'oreille à de mauvais conseils et que tu ne sois devenu chrétien. » Le jeune homme lui avoua que cela était. « Eh bien! reprit le père, je t'ordonne de renoncer à cette superstition et de revenir à nos dieux. Si tu ne le fais pas, je te chasserai de chez moi, et tu n'y rentreras jamais. — Mon père, reprit l'enfant, vous savez que je vous ai toujours obéi, et je voudrais vous obéir encore ; mais je connais maintenant la vérité, et je dois premièrement obéir à Dieu ; je resterai chrétien. » Le père fit tous ses efforts pour vaincre la résolution de son fils, et, ne pouvant y réussir, il le mit sur-le-champ à la porte de sa maison. C'était le soir.

Le pauvre enfant erra dans la ville, ne sachant que devenir. Il demanda un asile à deux ou trois personnes, qui le lui refusèrent. Le lendemain matin, il sollicita des secours, demanda quelque chose à manger, mais par une disposition de Dieu, tous ceux à qui il s'adressa, le repoussèrent, et il ne put rien obtenir. « Que ferai-je? se dit-il, j'irai au Père; lui ne me repoussera pas! » Mais pour arriver à la Mission, il fallait parcourir quatre-vingts lieues; comment les faire, à pied, et dénué de tout? Cependant, l'héroïque enfant ne se découragea pas, et il entreprit ce long voyage, qu'il dut accomplir tout entier sans que personne vînt à son secours! Il marcha toujours, se soutenant à peine avec des fruits sauvages, des feuilles, de l'écorce d'arbre ; et il arriva, mais si épuisé, si décharné, que quand il tomba presque évanoui aux pieds de l'évêque, celui-ci ne le reconnut pas. Jugez pourtant de la tendresse paternelle avec laquelle le bon missionnaire accueillit ce noble et courageux enfant! Après l'avoir parfaitement soigné et rétabli, il l'a placé, m'a-t-il dit, dans une famille chinoise catholique, où il est très-heureux.

» Voyez, mes enfants, ce que l'on peut faire avec la ferme volonté d'obéir à Dieu et de le bien servir. »

L'oncle Charles reprit la parole.

Les Chinois, dit-il, sont un peu plus petits que les Européens, et leur teint est jaunâtre. Un grand embonpoint est considéré comme une beauté chez les hommes.

L'empereur et sa famille ont seuls le droit de porter des vêtements jaunes. Le peuple ne porte que du bleu ou du noir ; le blanc est la couleur du deuil. Les modes ne changent jamais.

« Mais, dit Louise, maintenant que nous pourrons entrer en Chine, les femmes chinoises porteront sans doute des crinolines? Que ce sera drôle, et comme leurs maris seront étonnés! — Il faut espérer, reprit M. de Mareuil, qu'ils ne le permettront pas! »

Les Chinois ont beaucoup de force et d'adresse, et j'ai vu un tour de leur façon qui m'a paru surprenant. Quatre hommes se sont placés à côté l'un de l'autre de manière à former un carré parfait et solide ; alors deux autres hommes ont grimpé sur leurs épaules, où ils se sont tenus très-droits et très-fermes, tandis qu'un troisième, montant plus haut, s'établit sur les épaules des deux derniers, tous formant ainsi une pyramide. Vous vous demandez peut-être comment le dernier de ces hommes pouvait rester fermement debout, à cette place, et comment les premiers soutenaient le fardeau qui reposait sur leurs épaules, mais je n'ai pas encore tout dit. Un autre homme, grimpant au moyen d'une échelle, vint se mettre à son tour sur une des épaules du dernier monté, où il s'assura d'une manière solide; puis, du bas de la scène, on fit parvenir jusqu'à lui un autre individu, qu'il prit par la ceinture, le balançant au dessus de sa tête, et, se plaçant lui-même, pendant ce temps, sur une seule jambe, il se tint ainsi pendant quelques instants. Vous auriez cru que tout cet échafaudage allait s'écrouler sur la terre et qu'il y aurait pour le moins une ou deux têtes fendues et une demi-douzaine de bras et de jambes cassés; mais pas du tout : celui qui tenait le dernier homme, le lança tout à coup, la tête en bas, les jambes en l'air, parmi les spectateurs, qui le reçurent dans leurs bras, tandis que lui-même, se jetant de côté, disparut au milieu de la foule.

« Eh bien, c'est égal, dit Paul, je n'aime pas cela, quand les hommes sont si forts et si adroits, ils devraient faire un meilleur usage de leur force et de leur adresse, et ne pas risquer leur vie, qu'ils pourraient rendre si utile, pour inquiéter ou amuser des badauds!

— Ta réflexion est juste, mon cher Paul, » dit M. de Mareuil en embrassant son neveu.

Le caractère des Chinois, continua-t-il, est peu estimable; en effet, ils n'ont montré dans leurs relations avec nous ni bonne foi, ni droiture, ni courage. Ces défauts en entraînent beaucoup d'autres, et ils se sont, surtout, trop souvent éloignés de la vérité. Autrefois, pourtant, on vantait leur sagesse; mais il semble qu'avec le temps ils

se soient corrompus; ce dont on ne peut s'étonner,
puisqu'ils sont privés de tout sentiment religieux.
Sans doute, il doit y avoir d'honorables exceptions
au portrait qu'on a plusieurs fois tracé des défauts de leur caractère, et, si des relations plus
faciles permettent de faire pénétrer plus librement
chez eux les vérités et les préceptes du christianisme, il est permis d'espérer qu'il s'en suivra
une entière régénération de ce peuple laborieux,
répandu sur une contrée si étendue de la terre.

Ainsi que je vous l'ai dit, cette contrée est une
des plus vastes et la plus peuplée du monde. Le
climat est délicieux, le sol très-fertile, et le pays
est divisé de la manière la plus agréable par des
collines ou des vallées, et arrosé par beaucoup
de rivières. Néanmoins l'aspect de cette belle
nature fait naître des sentiments pénibles, quand
on la compare avec l'état moral des habitants du
pays, plongés dans une ignorance de tout ce qui
peut élever et ennoblir l'âme et le caractère.

Je vous ai déjà dit quelques mots des Tartares,
et j'aurai peu de chose à vous en apprendre encore,

quoique ce soit un peuple dont les bizarres coutumes diffèrent absolument de celles de tous les peuples civilisés, parce que peu d'Européens ont vécu parmi eux, et que leur vie, comme leurs habitudes, offre si peu de complications, que l'on a bientôt fini quand on commence de les faire connaître.

La Tartarie est une contrée très-étendue, qui borne la Chine au nord et à l'ouest. Elle est à peu près au milieu de l'Asie, et souvent appelée Asie centrale. Le pays est, en général, très-élevé et presque partout entouré de hautes montagnes. Cette immense région est peu peuplée, et elle contient différentes hordes ou peuplades nomades, répandues sur tout le pays et appelées du nom général de Tartares. Mais on distingue trois nations auxquelles on donne la dénomination de Tartares; les Mantchoux, qui vivent près de la Chine; les Mongols, et les Calmouks. Ils ne se fixent pas dans des villes, mènent une vie errante, regardent avec mépris ceux qui ont des demeures fixes, et se livrent à des occupations sédentaires. Les Tartares ne cultivent pas la terre et mangent très-peu de végétaux. Ils se nourrissent principalement de viande, et aiment surtout la chair de cheval, le mouton et la venaison. Ils ont du lait en abondance, et font du beurre et du fromage. Ils préfèrent le lait de jument à tout autre, et en font aussi une espèce de boisson fermentée, dont ils font leurs délices. Ces peuples occupent des tentes faites avec une sorte de drap grossier supporté par des piquets plantés en terre.

Les Tartares ont de très-beaux et bons chevaux; ils sont excellents cavaliers et passent à cheval la plus grande partie de leur vie. On a dit qu'ils buvaient, mangeaient et dormaient à cheval, mais ce sont là des contes de voyageurs qui n'ont aucun fondement. La lance est une arme dont ils se servent avec la plus grande dextérité. Leurs lances sont deux fois longues comme le corps d'un homme, et terminées par une pointe de fer. Ils s'en servent à la guerre, comme dans les chasses d'animaux féroces, et ils lancent cette arme avec tant de force et d'adresse, qu'ils la font passer à travers le corps d'un homme ou d'un animal, à une distance de plusieurs mètres. Les Tartares se servent enfin très-habilement d'arcs et de flèches. Vous savez qu'ils aiment beaucoup la chasse. Quand ils veulent s'y livrer, ils s'assemblent en grand nombre, et se lancent, à cheval, à la poursuite des cerfs ou autres animaux. La vitesse des chevaux, la hardiesse des cavaliers, l'adresse et l'ardeur des chasseurs donnent à cet amusement un aspect plein d'animation et d'intérêt.

Les Tartares sont, en général, mahométans. Parmi beaucoup d'autres singulières coutumes, ils ont celle d'enterrer avec tout homme mort, le meilleur de ses chevaux et différents autres objets, qu'ils considèrent comme ayant une grande valeur, parce qu'ils s'imaginent qu'ils pourront être fort utiles, dans l'autre monde, à l'individu qui vient de quitter celui-ci. Vous voyez que quelle que soit leur religion, elle n'est pas très-éclairée.

L'histoire de cette race célèbre n'est pas à beaucoup près sans intérêt, et il s'est trouvé parmi eux quelques hommes très-remarquables ; entre autres, deux fameux conquérants : Gengis-Khan, qui, de simple chef d'une horde mongole, devint souverain de beaucoup de pays, et d'un territoire de plus de six mille kilomètres, s'étendant de la mer Caspienne à Pékin ; et, plus tard, Tamerlan, ou Timour-Leng, descendant, par les femmes, de Gengis-Khan, qui était boîteux. Il fit une foule de conquêtes, même en Egypte, et marcha vers la Chine, à la tête de deux cent mille hommes ; mais il mourut en route. Ces deux conquérants étaient cruels et sanguinaires.

Un des fils de Gengis-Khan régna en Chine et

y fonda une dynastie, celle des Yen ou Mongols. Les conquérants prirent les mœurs du peuple conquis, et l'empereur de Chine actuel est de race tartare. Maintenant les différentes tribus de la Tartarie sont assujetties à la Chine, et le pays s'appelle Tartarie chinoise.

Une autre remarquable contrée, sujette de la Chine, est le Tibet. C'est un pays de hautes montagnes et de profondes vallées, où se trouvent des précipices rocheux, de larges et bruyantes cataractes, et des pics gigantesques dont les sommets sont toujours couverts de neige. Le Tibet est borné au midi par les plus hautes montagnes qu'il y ait dans le monde; ce sont les montagnes de l'Himalaya. Jamais leurs cimes n'ont été foulées par aucun pied humain, et les plus fortes chaleurs de l'été, dans des pays si chauds, ne peuvent fondre les masses de neige et de glaces dont elles sont toujours couvertes. Aucun être vivant ne tente l'ascension de ces montagnes, si ce n'est quelques chèvres au pas assuré, et, de temps à autre, quelques oiseaux qui voltigent à l'entour, tandis que le voyageur stupéfait regarde à distance, avec une surprise mêlée d'effroi, ces prodigieux ouvrages de la nature.

Quand le soleil brille sur les sommets éblouissants de ces montagnes, ils ressemblent à de magnifiques cités d'or et d'argent, avec des tours, des clochers, des palais; mais quand ils sont enveloppés des ombres du soir, tous ces objets fantastiques s'évanouissent, et les montagnes ressemblent à de sombres nuages, pesant sur le ciel, et menaçant d'une effroyable tempête tous les pays voisins.

L'intérieur du Tibet est peu connu; un très-petit nombre de voyageurs seulement ont pénétré dans ces régions sauvages, dont les habitants paraissent une race de Tartares, de mœurs douces et humaines. Ils ont une espèce de chèvres qui fournissent la belle laine dont on fait les châles de cachemire. Cette laine est envoyée dans l'Inde septentrionale, où elle est mise en œuvre, et produit les beaux châles dont on fait si grand cas en France et dans tous les pays civilisés.

C'est au Tibet, dans un temple érigé sur une haute montagne, que réside le grand Lama, idole vivante, adorée dans une grande partie de l'Asie. On dit que ce temple contient dix mille chambres, remplies d'images et d'idoles d'or et d'argent. Un nombre immense de pèlerins de toutes les parties de l'Asie se pressent sans cesse dans ce temple, pour y rendre hommage au grand Lama,

qui, entouré de tous ses prêtres, appelés lamas,
est élevé, les jambes croisées, sur un trône où
il s'offre à la vénération de ses adorateurs. Ceux-ci
croient que leur divinité est un homme en qui
réside l'Esprit de Dieu, et qui ne peut mourir.
Ils pensent seulement que sa jeunesse se renou-
velle de temps en temps. Pour les entretenir dans
cette croyance, les lamas cherchent, de son vivant,
un enfant qui lui ressemble, et, quand ils l'ont
trouvé, ils l'instruisent du rôle qu'il doit jouer, et
le substituent adroitement au grand Lama quand
il meurt. C'est un rôle bien triste et bien ennuyeux
que celui de cette divinité : il faut que le plaisir
d'être adoré soit bien vif et bien puissant sur ces
âmes païennes, pour qu'il se trouve des êtres qui
consentent à tromper leurs semblables. Heureux
l'humble chrétien qui préfère la gloire d'aimer
et de servir Dieu à tous les honneurs et à tous
les biens de la terre ! La vérité lui sert de guide,
et c'est dans la vérité qu'il trouvera sa récompense.

Je vous parlerai maintenant du Japon, dont les
habitants ont extérieurement beaucoup de ressemblance avec les Chinois, quoiqu'ils en diffèrent
beaucoup par le caractère.

Le Japon, vous le savez déjà, consiste en un

groupe d'îles situées à l'est de l'Asie, et dont les principales sont : Yéso`, Niphon, Ximo ou Kiousien, et Sikokf. La capitale de l'empire est Yeddo, en Niphon. La contrée est très-montagneuse, et il s'y trouve plusieurs volcans; mais l'aspect général est très-pittoresque, et le sol parfaitement cultivé. Comme les tremblements de terre sont fréquents dans ces parages, on est obligé de bâtir les maisons à un seul étage, pour éviter qu'elles soient renversées dans ces terribles convulsions de la nature. Les orages sont effrayants au Japon, pendant l'été.

Les Japonais sont très-intelligents, instruits, industrieux et d'une propreté remarquable; aussi trouvent-ils les Européens très-sales. Ils n'enferment pas leurs femmes comme les Chinois, et il paraît que l'habitude de celles-ci est de faire leur toilette en public, à la porte de leur maison. Une lettre particulière d'un des attachés à l'ambassade anglaise, qui a dernièrement pénétré au Japon, nous apprend que ces Européens, en défilant dans les rues de Yeddo, ont vu une dame japonaise qui se lavait dans un baquet, placé devant sa maison, sans se préoccuper le moins du monde des passants, pas même des étrangers qu'elle voyait pour la première fois. Notre ambassade, qui est arrivée plus tard à Yeddo, a eu moins d'occasions de faire des observations, parce que les Japonais étaient dans un grand deuil pour la mort de leur empereur. Ce peuple est idolâtre, superstitieux et assez cruel, quoique aimable et extraordinairement poli dans ses manières. Ils sont si cérémonieux et tiennent tellement à l'étiquette, qu'ils ont sur ce sujet des livres qui leur donnent les règles de politesse les plus minutieuses et dont ils ne s'écartent jamais.

Il y a plus de deux siècles, les étrangers étaient admis dans les villes du Japon, et les missionnaires portugais y avaient fait un grand nombre de conversions; mais le gouvernement en prit de l'ombrage et bannit tous les Européens de l'empire, ne laissant aux Portugais que l'accès d'une seule ville, où il leur fût permis de trafiquer. Puis il commença une horrible persécution contre les familles japonaises qui avaient embrassé le christianisme; brûlant, torturant, et faisant souffrir les plus affreux supplices à plus de quarante mille personnes, qui périrent dans cette cruelle persécution. Le traité qui vient d'être conclu avec le Japon permet à tous les étrangers l'entrée de ce pays et tolère la résidence d'un ambassadeur de chaque nation. Tout permet même d'espérer que nos missionnaires pourront s'y livrer avec de nouveaux succès à leur glorieux apostolat.

Les Japonais sont très-gais, et paraissaient heureux sous leur gouvernement, qui était pourtant tout à fait despotique et exerçait un contrôle de tous les instants sur toutes leurs actions publiques et particulières, mais il faut ajouter qu'il vient d'y éclater une révolution dont l'avenir seul fera connaître les résultats.

Pendant mon séjour à Canton, il m'arriva une petite aventure. Je vous ai dit que les Chinois ne permettaient pas aux étrangers de pénétrer dans leurs villes, ni de voyager dans l'intérieur du pays ; je le savais, mais passant un jour devant une des portes de Canton, qui était ouverte, et personne ne s'y trouvant dans le moment, je vis au delà de cette porte une longue rue, remplie de monde ; je me sentis aussitôt une vive tentation d'entrer dans la ville, et j'avançai doucement vers la porte. Personne ne m'observait ; j'entrai dans la rue. Voyant que je ne rencontrais aucune opposition, je continuai mon chemin, et j'avais fait une vingtaine de mètres, quand je fus tout à coup arrêté. Un Chinois, posté devant moi, me faisait comprendre avec un geste menaçant, que je devais retourner sur mes pas. En même temps, il jeta

un cri, et plusieurs autres hommes accoururent
aussitôt.

Je pensai alors que ce que j'avais de mieux à
faire était de me retirer, et je me retournai du
côté de la porte de la ville ; mais un d'entre eux,
pour m'empêcher d'échapper, passa rapidement
devant moi et me barra le passage, me regardant
en face d'un air déterminé, et agitant au dessus
de sa tête un long bâton, terminé par une pointe
de fer. La position devenait critique ; mais, sans
m'émouvoir, du moins en apparence, je marchai
résolûment vers mon homme, qui trouva bon, à
mon approche, de se détourner de mon chemin,
tout en continuant à faire tourner son arme comme
un moulinet, et en jetant de grands cris. Je passai
tranquillement près de lui ; mais il me parut prudent de presser ensuite le pas, car la foule s'épais-
sissait derrière moi, et l'air retentissait de cla-
meurs peu rassurantes. J'échappai pourtant à ceux
qui me poursuivaient, et j'arrivai sain et sauf à
mon logement, me promettant de ne plus chercher
à franchir les portes de Canton.

Quelque bonne volonté que j'aie de vous raconter des aventures intéressantes, je dois avouer que
celle-ci est la seule qui me soit arrivée en Chine.
J'y restai d'ailleurs peu de temps, et confiné dans

la partie des faubourgs affectée aux Européens, en sorte que j'eus peu d'occasions d'obtenir des détails sur les mœurs des Chinois. Je vous dirai seulement quelques mots de la manière dont ils récoltent le thé.

L'arbre à thé croît naturellement jusqu'à la hauteur de huit à dix pieds; mais on l'ébranche, et on le réduit à la forme et à la hauteur d'un arbuste ressemblant à celui qui porte le cassis. Sur la même plante, on voit à la fois les feuilles, les fleurs et les graines. La graine est amère et ne sert à aucun usage; les feuilles seules ont du prix. On les recueille habituellement le matin, quand elles sont encore couvertes de rosée; on les roule sur des assiettes de fer blanc, et on les fait sécher au soleil. Le thé subit plusieurs préparations avant d'être livré au commerce; mais ces préparations, très-minutieuses, dit-on, sont le secret des Chinois, et nous ne les connaissons pas. Il est à remarquer que cette plante ne croît dans aucune autre contrée qu'en Chine, au Japon, et dans le royaume d'Assam, qui est situé sur la frontière orientale de l'Inde. Le thé croît naturellement dans ces pays, mais on le cultive en immense quantité dans la Chine. Il vient quelquefois sur de hauts rochers et sur des côtes escarpées et inaccessibles. On dit que dans ce cas les industrieux Chinois ont dressé des singes à grimper sur ces arbustes, en quelque position qu'ils soient, et à les dépouiller de leurs feuilles. Si la récolte est bien faite, les singes reçoivent de leurs maîtres quelques friandises ; mais s'ils s'y prennent maladroitement, ils sont battus.

Le thé a été apporté en Europe il y a environ deux cents ans ; auparavant, ce précieux produit n'était pas connu chez nous. Il se passa beaucoup d'années encore avant qu'on l'employât dans le Nouveau-Monde. Un Américain m'a raconté que son grand'père avait reçu en cadeau une petite quantité de thé. La famille avait entendu parler de cette plante, mais ne savait comment on l'employait. On imagina donc d'en mettre un peu dans une cafetière d'eau, puis quand il eut bien bouilli, on essaya de manger les feuilles. Mais cela parut si horriblement amer, que l'on dut recourir à une autre méthode. On mit des feuilles dans une poële, et on les fit frire ; mais cela ne valait pas mieux. On fit plusieurs autres expériences sans plus de succès, jusqu'à ce que le thé fût mis de côté comme une chose inutile. Il n'y a pas plus de cent ans que cela se passait. Aujourd'hui le thé, en Amérique aussi bien qu'en Angleterre ou en

France, est un breuvage très-populaire et très-apprécié.

———

Après avoir mouillé quelque temps à Canton, le navire sur lequel j'avais obtenu mon passage, étant chargé de thé et de marchandises en soie, mit à la voile pour revenir en Amérique. Nous descendîmes la rivière de Canton, nous traversâmes la mer de Chine, puis, passant devant la presqu'île de Malacca, et entre les grandes îles asiatiques, nous voguâmes bientôt sur l'océan Indien.

Comme il ne nous arriva rien de remarquable pendant la traversée, je remplirai l'intervalle de notre voyage jusqu'à notre arrivée, en vous entretenant de quelques contrées de l'Asie dont je ne vous ai pas encore parlé en détail.

Malacca est la partie la plus méridionale de l'Asie. C'est une grande presqu'île qui s'avance beaucoup dans la mer. L'île de Sumatra est très-rapprochée de Malacca; un étroit bras de mer passe entre les deux; il est appelé le détroit de Malacca. Les habitants de la presqu'île de Malacca sont appelés Malais; c'est une race d'hommes qui s'étend sur la plupart des îles de l'océan Pacifique. Ils sont en général sauvages, perfides et cruels. Le climat de Malacca est un été perpétuel : les arbres sont toujours verts, les fleurs et les fruits mûrs sont suspendus aux mêmes branches, et on y trouve de délicieux ombrages ; mais les forêts sont remplies de tigres et de léopards, hôtes qui rendent très-difficiles et très-dangereux les voyages dans ce beau pays. Les rivières y sont d'ailleurs peuplées de crocodiles, et il arrive quelquefois que les tigres, en essayant de les traverser pour aller à la poursuite des antilopes, sont saisis et tués par les crocodiles.

Il y a dans la presqu'île de Malacca une grande quantité de diamants et de pierres précieuses ; on y trouve aussi beaucoup d'or, que les indigènes extraient des montagnes et recueillent sous la forme de poudre. L'étain est assez abondant dans quelques-unes de ces montagnes ; mais les chefs qui gouvernent le peuple défendent de l'extraire, parce qu'ils sont persuadés que des esprits les habitent, et qu'ils seraient très-offensés si l'étain en était emporté.

Au nord de Malacca est une contrée appelée Indo-Chine, et quelquefois Inde Transgangétique, parce qu'elle s'étend au delà du Gange. Elle contient plusieurs royaumes distincts, qui sont : l'empire des Birmans, le Tonquin, la Cochinchine', le Cambodje, Laos et Siam. Les habitants de ces différents royaumes ont beaucoup de ressemblance avec les Chinois, mais ils sont moins civilisés. Le climat est très-chaud, et la terre produit différentes espèces de plantes aromatiques, d'arbustes à épices et des fleurs magnifiques en profusion. Mais la culture des terres est généralement négligée. Les Français viennent de fonder en Cochinchine des colonies très-importantes dont l'extrême Orient et l'Europe peuvent également attendre les meilleurs résultats pour la civilisation aussi bien que pour la religion.

De tous ces pays, l'empire des Birmans, dont la capitale est actuellement Ava, est de beaucoup le plus considérable. Ce sont les Birmans qui ont fait aux Anglais, il y a près de cinquante ans, une très-rude guerre, dont les brandons se sont, depuis, rallumés plusieurs fois sur divers points, et vont sans doute exciter, tôt ou tard, un incendie inextinguible. Quoi qu'il en soit, il faut vous dire qu'Ava était, au commencement du siècle, une grande ville fort peuplée, sur la rive gauche de l'Iraouaddy : mais la ville de Saïgon, qui s'élève sur la rive opposée, est plus peuplée encore.

L'empereur habite à Ava un palais magnifique. Des missionnaires anglais le virent un jour passer au milieu d'un splendide cortége. Il y avait des vice-rois en grand costume, des officiers, des soldats, des chevaux et des équipages de tous genres, des centaines d'éléphants montés par des personnages d'importance, et une foule d'hommes, de femmes et d'enfants.

Au centre du cortége s'avançait un superbe éléphant blanc couvert de merveilleux ornements et accompagné de gens très-richement habillés. Cet éléphant paraissait inspirer le plus grand respect, et tout le monde, sur son passage, tombait à genoux, la face contre terre.

Le tout formait un brillant et très-curieux spectacle.

Les habitants de l'Indo-Chine ont, à l'exception des Malais, mais en y comprenant les Chinois, les Japonais, les Tartares, et les Thibétains, une grande ressemblance les uns avec les autres, et paraissent avoir tous la même origine. Mais les Indous, qui sont en majorité, forment, par leur extérieur, leurs inclinations, leur caractère et leur religion, une nation distincte et particulière, et la plus intéressante des peuples de l'Asie. Ils sont très-doux et peu propres à la guerre ;

ils vivent presque exclusivement de céréales, et ils ont une grande vénération pour le bœuf et l'éléphant.

Dans l'Indoustan il n'y a que deux saisons; celle des pluies et celle de la sécheresse. Dans la première, la pluie tombe sans cesse; les rivières se gonflent et débordent, et souvent elles entraînent les maisons avec leurs habitants. Pendant la sécheresse, la terre est fréquemment si brûlée que toutes les fleurs et les feuilles tombent flétries sur le sol. Trop souvent, de terribles famines en sont la suite; comme en 1793, où la détresse fut telle, que bien des gens vendirent leurs enfants pour un peu de riz.

On ne connaît pas le froid dans ce pays, et, sinon sur le sommet des montagnes, on ne voit jamais ni glace ni neige; aussi ne porte-t-on jamais d'habits chauds comme dans nos contrées. Les Indous se couvrent à peine, et leurs légers vêtements sont faits de coton ou de soie. Leurs maisons ne sont pas grandes et solides comme les nôtres; ce sont de petites cabanes de roseaux ou de bambous, couvertes de larges feuilles de palmiers.

L'Indoustan est sujet à de violents ouragans, avec des éclairs et des coups de tonnerre épouvantables. Vous avez vu des orages, mes enfants, mais je suis sûr que vous ne vous faites pas même une idée des trombes et des cyclônes dont je veux vous parler. Figurez-vous que nous sommes en été, à la campagne : tout est calme et tranquille ; les oiseaux s'abritent sous un épais feuillage, les troupeaux dorment étendus à l'ombre, le soleil brille de tout son éclat sur le paysage, la nature entière offre le spectacle du repos et de la sécurité.

Cependant on aperçoit au loin un tout petit nuage ; il s'étend peu à peu, jusqu'à ce qu'il semble couvrir le ciel. Il approche alors rapidement, accompagné d'un bruit sourd et prolongé qui retentit dans les collines. Le nuage s'agite violemment, tourbillonne, et semble bouillonner comme les flots d'une cataracte, ou les laves d'un volcan. Les arbres tordent leur cime sous son passage ; les gazons, les moissons et les plantes jonchent le sol. Les maisons tremblent, les collines même sont ébranlées. Le ciel devient presque aussi noir que si la nuit était arrivée ; puis un épouvantable rugissement se fait entendre, et des fragments de bois, de pierres, de maisons sont arrachés par le vent et emportés dans les airs.

Le craquement des arbres qui tombent dans la campagne, ou des navires qui se brisent sur le rivage, le vacarme des maisons réduites en mille pièces, la chute des rochers qui se détachent des collines, le beuglement des animaux, les cris des hommes épouvantés, et le tumulte de la tempête résonnent à la fois dans les airs; on dirait la fin du monde!

Tout à coup l'ouragan s'apaise, et le calme succède à cette horrible tourmente. On voit le nuage se retirer en passant rapidement sur les collines, portant avec lui, en d'autres lieux, la même épouvante et les mêmes ravages. Les habitants peuvent alors contempler avec désolation leurs habitations renversées, leurs récoltes anéanties, et leur bétail étendu sans vie.

Tel est ce genre d'ouragan. On en voit rarement dans nos contrées; mais ils sont assez communs dans les pays chauds, et très-fréquents dans l'Indoustan.

Bénissons Dieu, mes enfants, d'être nés sous un climat tempéré, où les grandes convulsions de la nature ne se présentent presque jamais surtout avec cette excessive violence.

Il y a dans l'Indoustan beaucoup d'espèces d'animaux sauvages ou féroces, parmi lesquels sont le tigre, l'éléphant, le rhinocéros, etc., etc. On apprivoise sans peine l'éléphant, parce qu'on le prend tout jeune, et alors il devient aussi docile qu'il est utile. Non-seulement on lui fait porter des fardeaux, mais encore il devient une monture pour les hommes, qui sont transportés très-commodément sur son dos, dans des espèces de tentes, appelées palanquins, plus ou moins ornées, mais souvent magnifiques, où plusieurs personnes à la fois sont à l'aise. Dans les guerres, les éléphants portent des hommes armés qui combattent avec avantage d'une si grande hauteur, et ces énormes animaux ont souvent fait gagner des batailles contre les Européens, en s'avançant au milieu de l'armée ennemie, et en y portant le désordre et l'épouvante.

Le tigre de l'Indoustan est appelé tigre royal; c'est le plus grand et le plus puissant de cette espèce redoutable. Pour la force, il égale le lion, et il est beaucoup plus féroce et plus fougueux. Les Indous chassent souvent le tigre, mais c'est un divertissement fort dangereux.

Vous avez vu des tigres au Jardin des plantes; ceux-là sont pris dans leur jeunesse, comme je vais vous le dire : quand un chasseur a découvert une tanière dans laquelle il y a de jeunes tigres, il se met aux aguets pour attendre le moment où la mère s'éloigne. Dès qu'elle est hors de vue, il pénètre dans la tanière, et prend les petits tigres, qui sont ordinairement trois ou quatre. Ce sont de beaux petits animaux, dont le poil est aussi doux que celui des petits chats. Bientôt la tigresse revient et s'aperçoit qu'on a enlevé ses petits ; à l'instant, elle flaire la trace du chasseur, qu'elle poursuit avec vitesse, la gueule ouverte, les yeux flamboyants, les griffes tendues, prête à saisir et à déchirer le ravisseur de ses petits.

Le chasseur, qui a prévu cette dangereuse poursuite, fuit rapidement au travers des bois. Bientôt il entend bondir la tigresse derrière lui. Il regarde et là voit venir. Alors il laisse tomber un des jeunes tigres, et continue de fuir. La tigresse s'arrête auprès de son petit, le prend, et court le déposer en lieu de sûreté ; après quoi, elle reprend sa course à la poursuite du ravisseur, qui laisse tomber à propos un autre jeune tigre, et continue à fuir de toutes ses forces. Le jeune tigre est pris à son tour par la mère, qui le porte à côté du premier et se remet ensuite à poursuivre le chasseur. Mais pendant ce temps, celui-ci est d'ordinaire arrivé à un village ou à un bateau, ou enfin à un lieu de refuge quelconque ; et il s'est ainsi assuré

un ou deux des petits animaux pour lesquels il a
couru un si grand danger.

Le rhinocéros est presque aussi grand que l'é-
léphant et encore plus laid; il ressemble en quelque
sorte à un pourceau. Il a la peau épaisse, rugueuse, et beaucoup trop large, semble-t-il, pour
son corps. Elle tombe en plis sur ses épaules, sur
son dos, sur ses jambes, et lui donne un singulier aspect. On prétend qu'un boulet de canon ne
la percerait pas quand l'animal est avancé en
âge. Il peut être agréable de voir ces énormes
bêtes quand elles sont en cage ou entourées de
barrières; mais il y a, vraiment, peu de plaisir
à les rencontrer en plein champ ou dans une
forêt.

Je ne dois pas oublier de vous dire qu'il y a
dans l'Indoustan, un grand nombre de serpents,
dont les uns sont très-grands, les autres très-ve-
nimeux. Ils se multiplient tellement qu'il y en a
jusque dans les villes, et un voyageur anglais, qui
a écrit un ouvrage fort intéressant sur ces contrées,
dit qu'ils viennent quelquefois dans les maisons,
et qu'on en trouve même dans les chambres à
coucher.

Les Indous sont divisés en quatre classes ou
castes. La première caste se compose des Brah-

mines , qui sont généralement des prêtres, chargés de tout ce qui concerne la religion. Les soldats forment la seconde caste; les laboureurs et les marchands la troisième; et la quatrième comprend, sous le nom de parias, les ouvriers de tous les genres d'états.

Les individus de ces différentes castes ne se marient jamais d'une caste dans l'autre, et ne vivent ni ne mangent jamais qu'avec des membres de leurs propres castes. Les trois castes inférieures sont obligées aux témoignages du plus profond respect envers les Brahmines; quant aux parias, ils doivent les servir sans en recevoir aucune paie ni récompense, et se prosterner devant eux toutes les fois qu'ils se trouvent en leur présence.

Un homme que j'ai rencontré, était allé à Calcutta, grande ville de l'Indoustan et capitale de l'Inde anglaise : il m'a dit y avoir connu un petit Indou qui était commis d'un marchand et qui pourtant appartenait à la caste des brahmines. Près de sa maison vivait un très-riche négociant indigène, qui appartenait à la troisième caste. Ces deux hommes se rencontraient fort souvent, et, en toute occasion, le vieux et riche négociant était obligé de faire les plus profonds saluts au petit brahmine.

Les Indous ont beaucoup d'idoles et adorent

un grand nombre de dieux, qu'ils croient les uns
bons, les autres méchants. Ils ont des temples et
passent un temps considérable en pratiques religieuses. Il est cependant à remarquer que, comme
presque toutes les fausses religions, la leur ne
leur enseigne rien qui puisse servir à les rendre
meilleurs.

La religion chrétienne nous prescrit de faire
pour les autres ce que nous voudrions qu'ils fissent
pour nous. Elle nous prescrit encore d'aimer la
vérité, de pratiquer la charité, de faire du bien à
tous nos semblables. Elle nous défend le mensonge,
la cruauté, l'injustice, le faux témoignage, la pa-
resse et l'intempérance; toutes ces choses sont
formellement ordonnées ou défendues par les commandements de Dieu. Mais la religion des Indous
ne dit rien de tout cela. Elle leur ordonne certaines
pratiques, certaines cérémonies; puis, elle leur con-
seille de noyer leurs enfants, de s'ensevelir tout
vivants dans la terre, de déchirer leur corps avec
des crochets, de couper leur chair avec des instruments tranchants, et autres choses semblables;
promettant, à ce prix, que leurs dieux jetteront
sur eux un regard favorable!

Combien de grâces n'avons-nous pas à rendre
à Dieu, pour nous avoir fait naître au sein

de la vraie religion et non parmi des peuples qui sont dans les ténèbres de l'idolâtrie! Il est impossible de voir sans pitié l'état d'ignorance où sont ces pauvres Indous, si intéressants par la douceur de leurs mœurs, et qui ont le malheur de s'abandonner aux plus déplorables superstitions.

Comme je crois vous l'avoir dit, les Anglais sont en possession d'une grande partie de l'Indoustan. Une révolte presque générale a été dernièrement sur le point de leur faire perdre les Indes, ce qui eût été leur ruine; mais ils ont combattu l'insurrection avec une grande énergie, et à peine s'il en reste maintenant quelques traces.

Calcutta est une ville extrêmement commerçante, peuplée de plus d'un million d'habitants. Elle est divisée en deux quartiers : la ville noire, construite en bambou et habitée par les indigènes; et la ville blanche, fort bien bâtie et habitée par les Européens. Une multitude de vaisseaux de différents pays, mais principalement anglais ou américains, passent et repassent constamment sur les mers pour faire le commerce entre l'Europe et Calcutta. Ces vaisseaux en rapportent des soieries, des étoffes de coton, des châles de cachemire, des épices, des gommes et beaucoup d'autres choses.

Il est temps, maintenant, de vous parler de mon retour de la Chine. Nous fîmes voile à travers l'océan Indien, et après avoir doublé le cap de Bonne-Espérance, nous rentrâmes dans l'océan Atlantique. Nous nous arrêtâmes à l'île de Sainte-Hélène pour prendre de l'eau, et je vis avec un grand intérêt ce rocher stérile, lieu de l'exil et de la mort de Napoléon Ier, vraiment grand alors par la patiente résignation avec laquelle il supporta sa chute, ses souffrances, et les humiliations que lui fit subir la vengeance d'un gouverneur inhumain. Des amis et des serviteurs dévoués l'avaient suivi dans ce triste lieu d'exil, où ils partagèrent son infortune et lui consacrèrent leurs soins jusqu'à sa mort, abandonnant pour lui leur patrie, leur famille et leurs amis. Bel et touchant exemple d'une héroïque fidélité au malheur !

Le prince de Joinville, fils du roi Louis-Philippe, et alors amiral français, a rapporté en France les restes de Napoléon, qui reposent maintenant aux Invalides, dans un magnifique tombeau.

Nous arrivâmes à la hauteur des Indes occidentales, et nous y fûmes témoins d'un spectacle véritablement sublime, du phénomène qu'on appelle une *trombe*. Il parut dans les airs un épais nuage qui était dans un continuel mouvement. Au-dessous, la mer s'agita avec violence, et un immense volume d'eau s'éleva en écumant et tourbillonnant; il semblait sortir du sein de l'onde, attiré par le nuage. On aurait dit l'éruption d'un volcan; étroit à sa base, il s'élargissait beaucoup en s'élevant et retombant de tous côtés.

Notre capitaine craignit un instant que le vaisseau, entraîné par le tourbillon, ne fût englouti et ne sombrât; le phénomène disparut bientôt, et nous échappâmes heureusement à ce danger.

Nous arrivâmes à Boston, d'où je devais repartir pour la France; mais auparavant je désirais beaucoup avoir des nouvelles de mon ami James Jenkins, dont je vous ai déjà parlé. Il avait mis à la voile pour les Indes, quand je m'étais embarqué pour la Méditerranée; il était contre-maître du vaisseau, qui se dirigeait vers Bombay, ville située sur la côte occidentale de l'Indoustan. Une rumeur s'était répandue que son vaisseau avait péri au milieu d'une tempête, dans la mer d'Arabie, et que personne n'avait été sauvé; l'on croyait généralement à ce récit, et les amis de Jenkins ne doutaient pas de sa mort. Quant à moi, j'avais peine à me persuader qu'il fût enseveli sous les eaux, et je ne pouvais encore renoncer à l'espérance de le revoir.

Quelques jours après mon arrivée (c'était au mois de décembre, une couche de neige commençait à couvrir la terre), j'étais au coin de mon feu, pensant à mon pays, à ma famille, aux événements dont ma vie était déjà remplie, et particulièrement à ceux dans lesquels Jenkins avait eu quelque part; puis à notre amitié, et aux témoignages de dévouement que j'avais reçus de lui. De pareils souvenirs attendrissent le cœur; on oublie rarement ceux avec qui l'on a partagé soit des joies soit des périls; aussi me sentis-je fort touché du sort et de la perte de mon ancien compagnon de voyage. Je m'appesantissais sur mille circonstances, et je me rappelais les traits un peu durs mais pleins de candeur et d'honnêteté de mon ami Jenkins, lorsque j'entendis frapper à ma porte. « Entrez! » répondis-je. La porte s'ouvrit, et je vis paraître un gros homme couvert de neige. Il portait un chapeau de matelot et un grand manteau, et, frappant des pieds pour faire tomber la neige qui les couvrait, il secoua son manteau, ôta son chapeau et vint à moi.

Il avait certainement les traits de Jenkins, mais pouvais-je croire que ce fût lui? Je pensai d'abord que j'étais le jouet d'un rêve; mais quand j'entendis sa voix forte et amicale, quand j'eus serré sa main rugueuse, je crus et je sentis que c'était bien le réel James Jenkins en personne, et je l'embrassai de bon cœur.

Vous comprendrez facilement combien cette réunion fut joyeuse pour tous deux. Nous nous assîmes l'un près de l'autre, et Jenkins, tout en se réchauffant, me conta en peu de mots ses principales aventures.

Jenkins était presque arrivé au terme de son voyage, et deux ou trois jours auraient suffi pour l'amener à Bombay, lorsque le vaisseau fut tout à coup assailli par une bourrasque. On se hâta de plier les voiles; mais telle était la force du vent, que le vaisseau fut à l'instant couché sur le côté. On coupa les mâts, et il se redressa; mais un ouragan s'éleva, et le vaisseau fut si violemment poussé par les vagues, qu'en peu de temps il s'y fit une voie d'eau, c'est-à-dire une ouverture. Les matelots firent fonctionner les pompes; mais, malgré tous leurs efforts, l'eau entra de plus en plus dans le navire. Néanmoins, pendant deux jours, un travail incessant le maintint à flot. Puis les hommes, épuisés par la fatigue, les veilles et les anxiétés, travaillèrent avec moins d'ardeur. La tempête continuait, et le vaisseau étant sur le point de tomber, il ne resta plus d'espoir que dans la chaloupe.

On s'empressa donc de la préparer ; on y mit tout ce que l'on put de provisions, et l'équipage, puis le capitaine y entrèrent. Il était nuit quand on quitta le vaisseau ; mais on put le voir s'enfoncer peu à peu et disparaître enfin dans les vagues écumantes. Cependant la tempête ne s'apaisait pas, et la chaloupe était ballottée par les vagues comme une coquille de noix.

Après une nuit d'angoisses, la tempête s'apaisa vers le matin ; mais le ciel était encore nuageux, et les pauvres marins s'aperçurent, à leur grande douleur, que leur boussole avait été emportée par les eaux.

Je ne sais, mes enfants, si vous avez jamais entendu parler d'une boussole. C'est un très-curieux instrument, au milieu duquel se trouve un petit morceau d'acier aimanté, appelé l'aiguille, qui a la propriété de tourner toujours sa pointe vers le nord. C'est au moyen de ce précieux instrument que le marin au milieu de l'Océan dirige sa course avec certitude ; mais quand il en est privé, il ne sait plus de quel côté tourner, ni s'il se rend au but de son voyage ou dans une direction tout à fait opposée.

Telle fut la situation de Jenkins et de ses compagnons. Le temps était toujours brumeux, et

pendant plusieurs jours ils ne surent où ils allaient. Ils continuèrent cependant à ramer, espérant rencontrer quelque vaisseau sur lequel on les
prendrait à bord.

Au bout d'une semaine, ils reconnurent, par
les plantes marines, qu'ils approchaient d'une
côte. Vous pouvez imaginer quelle fut leur joie,
et vous la comprendrez mieux encore, quand vous
saurez que toutes leurs provisions étaient épuisées
et que, depuis deux jours, ils étaient entièrement
privés d'eau.

Ils gagnèrent la terre. Hélas! c'était un endroit
aride et désolé qui n'offrait à la vue qu'un désert
de sable. Le cœur manqua aux pauvres marins.
Pas une habitation ne se présentait à leurs yeux;
pas la moindre trace d'une créature humaine.
Quelques autruches effrayées couraient çà et là, à
travers le désert, et c'était les seuls êtres vivants
qui fussent aperçus par les malheureux naufragés.

Le gosier desséché par la soif, l'estomac dévoré
par la faim, ils rentrèrent dans leur chaloupe et
longèrent la côte; de temps en temps ils abor-
daient; mais toutes les plages avaient le même
aspect stérile, sec et désolé. Ils se séparèrent alors
sur cette terre inhospitalière, pour aller à la recherche d'un peu d'eau. Quatre de ces pauvres

gens étaient si épuisés, qu'ils se couchèrent sur le sable pour y attendre la mort. Les autres allèrent dans des directions différentes. Jenkins et un matelot partirent ensemble de leur côté.

Ils allèrent bien loin, mais sans trouver d'eau. La chaleur était devenue intolérable, et le sable était si brûlant que leurs pieds en étaient écorchés. L'air était suffoquant, et pas une goutte d'eau pour rafraîchir leur bouche! Le pauvre matelot qui accompagnait Jenkins fut incapable d'aller plus loin. Sa langue était si gonflée, et sa bouche si sèche, qu'il ne pouvait plus articuler une seule parole. Levant les yeux avec une expression pitoyable, il fit signe à Jenkins de le quitter et de l'abandonner à son sort. Mais celui-ci s'y refusa formellement, et s'asseyant auprès de son malheureux compagnon, il chercha tous les moyens de soulager ses souffrances.

Il était occupé de ces soins, malheureusement infructueux, lorsque tout à coup il entendit un bruit de pas, et, levant les yeux pour savoir d'où il venait, il aperçut, à sa grande surprise, un homme singulièrement vêtu, qui, debout à côté de lui, l'observait avec attention. A quelque distance était un chameau chargé. Jenkins comprit facilement que l'homme était un Arabe, et il le supplia, par signes, de lui donner de l'eau. L'Arabe lui tendit une bouteille de cuir qui en contenait en grande quantité, et Jenkins l'approcha des lèvres du mourant; mais il était trop tard; l'infortuné s'étendit sur le sable, et poussant un faible gémissement, il rendit le dernier soupir.

Jenkins, s'étant rafraîchi avec une partie de l'eau que contenait la bouteille, se disposait à porter le reste à ses compagnons; mais l'Arabe s'y opposa. En vain Jenkins s'efforça de lui faire comprendre qu'il avait tout près de là des amis qui mouraient de soif; l'Arabe fut inflexible. Bientôt après parut une douzaine d'autres Arabes avec autant de chameaux; ils se saisirent de Jenkins, lui lièrent les mains derrière le dos et le mirent sur l'un des chameaux. Pendant plusieurs jours, la troupe voyagea dans le désert, et enfin l'on arriva chez une tribu composée de plusieurs centaines d'Arabes possédant une grande quantité de bétail. Ils vivaient sous des tentes et se nourrissaient principalement du lait des chameaux. Ils avaient des chevaux remarquablement beaux et légers à la course, qu'ils paraissaient aimer avec passion. Ils donnaient les plus grands soins à leur nourriture, les gardaient sous les tentes où ils couchaient eux-mêmes, et leur prodiguaient les plus tendres caresses comme à des amis et de chers compagnons. Jenkins ne pouvait douter qu'il ne fût en Arabie, parmi l'une des tribus errantes qui habitent cette contrée.

Il faut, mes enfants, que je vous dise quelque chose sur l'Arabie, toujours avec notre carte sous les yeux. Ce pays, comme vous le voyez, est à l'extrémité occidentale et un peu méridionale de l'Asie, et séparé de la partie orientale de l'Egypte par la mer Rouge. Quand les Israélites s'enfuirent pour échapper aux persécutions de Pharaon, ils traversèrent cette mer et entrèrent en Arabie. Vous savez que Dieu sépara les eaux de la mer Rouge pour qu'ils pussent la passer à pieds secs, qu'il laissa ensuite retomber les eaux et qu'elles engloutirent toute l'armée de Pharaon. C'est dans ce grand désert de l'Arabie que les Israélites errèrent pendant quarante ans, en cherchant la Terre promise. On voit dans la partie occidentale, le mont Sinaï, au pied duquel ils campèrent, et où Moïse reçut les dix commandements de Dieu. On remarque aujourd'hui sur ce mont le couvent de Sainte-Catherine, siége d'un archevêché. La porte de ce couvent ne s'ouvre que pour recevoir un nouvel archevêque. On y introduit toutes les autres personnes, en les hissant, par une fenêtre, dans une espèce de corbeille C'est aussi en Arabie que vivait le saint homme Job.

Quelquefois de grandes caravanes de pèlerins ou de marchands traversent le désert. Indous, Malais, Persans, Arabes, négres et autres marchent de compagnie, pour se protéger mutuellement.

L'Arabie est un très-grand pays. Les parties qui bordent la mer sont fertiles, mais l'intérieur contient d'immenses déserts. Près de la mer, on trouve un assez bon nombre de villes et de villages; les déserts ne sont occupés que par des tribus nomades et leurs nombreux troupeaux. Ces tribus vivent de la chair et du lait de leurs vaches et de leurs chameaux, et pillent tous les voyageurs qui se rencontrent sur leur chemin. C'est au pouvoir d'une de ces hordes sauvages que Jenkins avait eu le malheur de tomber. Sa situation parmi eux n'était nullement agréable; au fait, il était réduit à l'esclavage, et chargé de tous les services les plus sales et les plus fatigants. Les Arabes sont mahométans, et comme ils virent que Jenkins était chrétien, ils conçurent pour lui un souverain mépris, se faisant un plaisir de le tourmenter et de le rendre malheureux. Mais il souffrit tout avec patience, intérieurement résolu à saisir la première occasion de fuir ses persécuteurs et de recouvrer sa liberté. Cependant six mois s'étaient écoulés avant qu'aucune circonstance favorable se fût offerte. Enfin, les troupeaux ayant dévoré toute

Monastère de Sainte-Catherine sur le mont Sinaï.

l'herbe et les buissons qui croissaient dans ces lieux, la tribu se disposa à les quitter.

Les tentes furent levées et roulées pour être emportées. On les plaça sur les chameaux avec quelques meubles et les ustensiles de cuisine, ainsi que les femmes et les enfants, et la troupe se mit en marche à travers le désert. Comme le temps était excessivement chaud, on voyageait la nuit, et l'on se reposait pendant le jour. Les Arabes se guidaient dans leur marche par les étoiles du ciel.

Un jour, Jenkins s'aperçut que la tribu était saisie d'une frayeur soudaine et comme frappée de terreur. Les hommes et les femmes tombèrent la face contre terre et s'étendirent sur le sol. Les chameaux, eux aussi, s'agenouillèrent et cachèrent leurs narines dans le sable. Jenkins, cherchant la cause de ce mouvement précipité, vit, à une petite distance, un épais nuage de sable qui venait de leur côté; on aurait dit une immense montagne prête à les engloutir. Jenkins, alors, fit comme les autres et se coucha tout à plat sur le visage. Le tourbillon vint en roulant et ensevelit les voyageurs sous la poussière; il était devenu presque impossible de respirer, tant l'air était rempli de sable.

Le nuage fut bientôt passé; tout le monde se releva, on secoua le sable dont on était couvert, et l'on poursuivit le voyage. Ces nuages mouvants sont très-communs dans les déserts de l'Arabie; et quelquefois les voyageurs périssent ensevelis sous le sable.

Deux ou trois jours après, un vent brûlant, appelé le *simoun*, commença à souffler, et les effets désastreux s'en firent aussitôt sentir. Les feuilles et les fleurs chétives qui croissent çà et là dans le désert sont instantanément flétries et desséchées comme brûlées par le soleil. Les chevaux penchent la tête et laissent pendre leur langue comme s'ils étaient à moitié morts; beaucoup de chameaux périssent; les hommes aussi souffrent cruellement de la chaleur suffocante de l'atmosphère et de la qualité empoisonnée de l'air. Ce fléau dura deux jours, puis les choses reprirent leur cours naturel, et les voyageurs continuèrent leur route.

Une nuit, la troupe s'arrêta tout à coup. Une trentaine d'hommes montèrent leurs chevaux les plus légers et se répandirent en différentes directions. Jenkins ne pouvait s'imaginer ce que cela signifiait, quand il apprit qu'une caravane n'était pas éloignée. Cette caravane était composée d'une cinquantaine d'hommes, dont plusieurs étaient marchands et avaient avec eux cent chameaux qui portaient beaucoup de marchandises d'un grand prix. Les trente Arabes, quoiqu'ils fussent allés de différents côtés, se réunirent tout à coup et, entourant la caravane, tombèrent à l'improviste sur les voyageurs surpris.

On fit peu ou point de résistance, et les Arabes pillèrent tout ce qu'il y avait de plus précieux; puis, chargeant leurs chevaux du butin, ils laissèrent la caravane continuer son chemin, et revinrent à leur tribu avec les dépouilles des voyageurs.

On arriva enfin à un endroit du désert passablement fertile, et la tribu dressa ses tentes. Jenkins apprit qu'on n'était pas à plus de soixante dix lieues de la côte nord-est de l'Arabie, et il prit la résolution de partir secrètement le plus tôt possible et de tâcher de se sauver.

Une nuit que le ciel était sombre et couvert, Jenkins s'éloigna en silence du camp des Arabes et tourna ses pas vers l'est. Il s'était emparé d'une épée et d'une paire de pistolets, déterminé à une vigoureuse défense, s'il était poursuivi et découvert. Il marcha toute la nuit, et, quand vint le jour, il se cacha sous un buisson épineux. Il y dormit une grande partie de la journée. Il avait emporté de la chair de chameau desséchée, et un peu d'eau saumâtre qu'il fut assez heureux de découvrir suffit à le désaltérer. Vers la nuit, il se remit en marche et continua sa route avec le

plus de promptitude possible. Ce fut de cette manière qu'il poursuivit son voyage pendant quatre
jours et quatre nuits. Mais le cinquième jour, la
chair de chameau lui manquait entièrement, et il
commença à sentir les tortures de la faim. Dans
cette extrémité, il aperçut une jeune autruche qui
sortait d'un buisson, et la tua d'un coup de pistolet. Il s'empressa de rassembler quelques branches
sèches d'acacia, buisson épineux qui produit la
gomme arabique; il y mit le feu et y fit rôtir un
morceau de l'autruche que la faim qui le torturait
lui fit trouver excellent.

A peine achevait-il son repas, qu'il vit de très-
loin un cavalier qui galopait vers lui, attiré par la
vue de la fumée. Bientôt le cavalier fut assez près
de Jenkins, et commença à tourner autour de lui,
formant ainsi un cercle qui allait toujours en se ré-
trécissant. Le cavalier s'approchant ainsi de plus en
plus de Jenkins, celui-ci put le reconnaître pour un
Arabe de la tribu qu'il avait quittée. Après avoir
tourné plusieurs fois, l'Arabe cessa tout à coup
sa course circulaire, galopa en droite ligne sur
Jenkins et, faisant tourner son sabre autour de sa
tête, fondit sur lui avec la rapidité d'une flèche.
Mais Jenkins n'était pas pris à l'improviste; c'était
un homme d'un grand courage et doué d'autant

de force que d'activité. Il attendit son ennemi de
pied ferme, tenant son épée d'une main, et tenant
un pistolet de l'autre. L'Arabe avait mal calculé
son coup, car le sabre passa à un pouce de la
tête de Jenkins et ne l'atteignit pas. Jenkins
déchargea son pistolet et manqua aussi son coup;
mais le cheval effrayé fit un écart qui renversa
son cavalier, et s'enfuit à toute bride. L'Arabe se
releva promptement et se mit à la poursuite de
son cheval avec une agilité surprenante. L'animal
fuyait d'abord avec une grande rapidité; mais, dès
qu'il entendit la voix de son maître, il se retourna
sur-le-champ, dressant ses oreilles, et revint vers
lui au petit trot, comme un ami retourne à son
ami; alors l'Arabe, sautant sur son dos, s'élança
de nouveau dans le désert, sans s'occuper davantage de Jenkins.

Celui-ci, quoique ayant échappé à un si grand
danger, sentit croître son inquiétude, car il craignait que les autres Arabes, maintenant instruits
de la route qu'il avait prise, ne se missent en
grand nombre à sa poursuite. Il précipita donc sa
fuite et marcha, sans s'arrêter, tout ce jour et la
nuit suivante.

L'aspect de la contrée commença alors à changer. Le terrain était beaucoup plus élevé, et des

dattiers, des palmiers et d'autres arbres se montraient assez rapprochés. Le jour suivant, Jenkins découvrit la mer à une grande distance, et en quelques heures il arriva près de la côte. Il y vit quelques huttes qui semblaient former un village, mais elles étaient presque en ruines, et il n'y trouva pas un seul habitant. Il erra de place en place, cherchant un être humain qui pût lui donner quelque nourriture, mais ce fut en vain. Alors il se décida à prendre possession de l'une de ces huttes, et à s'y établir, en attendant que quelque vaisseau parût en vue de cette côte déserte et voulût bien le prendre à bord. Il y resta quelques jours, vivant de dattes et de quelques poissons qu'il prenait avec la main.

Enfin il aperçut un petit vaisseau assez près de la côte, et monta sur un rocher, où il alluma du feu, pour avertir de sa présence. La fumée fut remarquée par les gens du vaisseau, qui s'approchèrent avec précaution. Jenkins alla à leur rencontre; mais quelle fut sa consternation, quand il reconnut que ces gens étaient des nègres et de l'aspect le plus farouche! Il eût été superflu de chercher à leur échapper ou de faire aucune résistance; ils s'emparèrent de lui, le mirent sur leur navire, et, après deux jours de navigation, abordèrent près d'un village dont les huttes étaient bâties en terre.

Si vous regardez sur la carte, vous verrez, mes enfants, que l'Arabie est séparée du Beloutchistan par une étroit bras de mer appelé le golfe d'Ormus. C'est ce golfe que Jenkins venait de traverser, et la terre à laquelle il avait abordé était le Beloutchistan. Ce pays est habité par quelques tribus, qui vivent toutes dans un état plus ou moins sauvage. Plusieurs ne sont composées que de voleurs qui, montés sur des chameaux, attaquent pendant la nuit les villages, les pillent, et emmènent avec eux les habitants, à qui souvent ils bandent les yeux, pour qu'ils ne puissent voir le chemin par lequel on les conduit, ni trouver les moyens de retourner chez eux.

C'est par ces espèces de gens, appelés Beloutchis, que Jenkins avait été pris. Je ne vous donnerai pas tous les détails de sa captivité parmi eux, parce que ce serait trop long, et je vous dirai seulement qu'au bout de quelques jours on lui fit traverser un désert de sable pour le conduire à Kélat, où il fut vendu comme esclave au *Khan* ou roi de ce pays. Kélat est la capitale du Beloutchistan. Les Beloutchis sont de fameux cavaliers et d'habiles tireurs. On dit qu'ils peuvent, au grand galop, envoyer une balle au travers du corps d'un oiseau au vol.

Après être resté quelque temps esclave à Kélat, Jenkins fut acheté par un marchand de Caboul, et conduit dans cette ville, qui est très-grande et capitale de l'Afghanistan. C'est là que le roi réside. Les Afghans sont un peuple intéressant et bien supérieur aux Beloutchis. Il y a des écoles dans toutes les villes, et ils ont un goût passionné pour les contes et les histoires.

De Caboul, Jenkins suivit son maître à Ispahan. C'était autrefois une ville magnifique et capitale de toute la Perse; elle renfermait alors sept cent mille habitants, et les Perses l'appelaient la *moitié de l'univers*, mais elle a perdu son ancienne splendeur. Là, Jenkins fit connaissance d'un voyageur anglais, qui paya sa rançon au marchand de Caboul. Pour le récompenser de sa libéralité, Jenkins l'accompagna en qualité de domestique, et, libre de tout esclavage, dans la société de personnes qui parlaient le même langage que lui, il retrouva toute sa gaieté et redevint relativement heureux.

Ils partirent pour Téhéran, capitale actuelle de la Perse, et ils traversèrent un immense désert salé. En plusieurs endroits le sel est si épais, que la terre en est couverte comme d'une croûte qui ressemble à de la neige.

Il y aurait bien des choses à dire de la Perse, dans le passé, plus encore que dans le présent; mais vous êtes un peu jeunes pour que je vous apprenne tout cela; je désire aussi que notre *tour du monde* soit terminé pour le retour de votre père, et nous avons encore bien des pays à parcourir. Les Persans sont braves, polis et spirituels, mais, dit-on, faux, paresseux, amis du luxe et vicieux. L'instruction est très-répandue chez eux, mais ils n'aiment que la poésie et les fables. En cela, ils ne ressemblent pas à une enfant que j'ai connue, et qui ne consentait à lire un livre qu'après s'être assurée que ce qu'il contenait était *vrai*. « Car, disait-elle, à quoi bon m'amuser avec des mensonges qui ne peuvent m'instruire ? »

De Téhéran, les voyageurs allèrent vers la mer Caspienne, qu'ils traversèrent pour entrer dans la Tartarie indépendante. Ce pays est peu peuplé. Les parties avoisinantes de la mer sont assez fertiles, mais le centre est montagneux et désolé. Les voyageurs furent attaqués plusieurs fois par les habitants, qui sont passablement voleurs, et ils quittèrent bientôt cette terre inhospitalière pour traverser de nouveau la mer Caspienne, et entrer dans les pays Caucasiens, où ils admirèrent les formes parfaites des habitants de ces contrées. Ils entrèrent ensuite en Syrie et visitèrent Alep, où il se fait un commerce considérable. De là, ils allèrent à Jérusalem, où ils firent un long séjour.

Cette ville célèbre et remplie de si précieux souvenirs a perdu toute sa splendeur et est maintenant bien plus petite qu'elle ne l'était du temps de Salomon. Elle a un peu plus de trois quarts de lieue de circuit; les rues sont étroites, mais droites et bien pavées... pour l'Orient. Les maisons sont construites en pierre; mais il n'y a pas de fenêtres aux étages inférieurs, en sorte qu'une personne passant dans la rue, pourrait se croire en prison.

La ville moderne est bâtie sur une colline, escarpée de tous les côtés excepté au nord. Elle est entourée de montagnes, qui laissent pourtant place à une belle vallée admirablement cultivée.

Les Juifs, qui formaient autrefois une grande nation, ont perdu toute leur puissance et sont dispersés sur toute la terre. Partout où ils sont, ils conservent leur religion particulière, leurs singulières coutumes, leurs opinions et leurs sentiments, différents de ceux des autres peuples.

Jérusalem est maintenant au pouvoir de la Turquie. Cette cité sainte, où a régné David, où Salomon bâtit son temple, où Notre-Seigneur Jésus-Christ a prêché l'Evangile et fait une foule de miracles témoignages de sa divinité, où il est mort pour racheter les péchés des hommes, est maintenant entre les mains de ceux qui ne croient qu'en Mahomet, de ceux qui, trop souvent, ont exercé sur les chrétiens de grandes cruautés. Une mosquée musulmane s'élève encore aujourd'hui sur l'ancien emplacement du magnifique temple que Salomon avait fait construire. Mais les chrétiens n'ont pas cessé d'aller en grand nombre visiter les lieux consacrés par la passion du Sauveur, et ils sont parvenus, grâce surtout au zèle et au dévouement des religieux franciscains, à conserver un certain nombre de leurs principaux monuments.

L'arcade appelée maintenant de l'*Ecce Homo* faisait partie du palais de Ponce-Pilate. Des deux pilastres qui la supportent, l'une est enclavée dans une dépendance de ce palais, et l'autre dans les bâtiments qui forment maintenant la communauté de Notre-Dame de Sion. C'est du haut de cette arcade que, pour tenter un dernier effort et être bien vu du peuple qui encombrait la rue, Pilate présenta Jésus portant la couronne d'épines et le vêtement

Arcade de l'*Ecce Homo*, à Jérusalem.

de pourpre, en disant : « Voici que je vous l'amène dehors, afin que vous sachiez que je ne trouve en lui aucune cause de mort. »

Après avoir passé quelques semaines à Jérusalem, le voyageur anglais et Jenkins se séparèrent. Le premier allait à la Mecque, en Arabie, pour visiter le fameux temple de Mahomet; le second brûlait du désir de retourner dans sa patrie. Il s'embarqua dans un petit port de la Méditerranée, et se rendit à Smyrne, où il trouva un vaisseau qui le conduisit à Boston.

Je vous ai maintenant parlé de presque toutes les contrées de l'Asie, et j'aurais pu vous en dire bien davantage; mais le temps viendra pour vous de l'apprendre, et cela suffit pour le moment.

L'Asie a été le berceau de beaucoup de grandes choses. C'est là que se sont passés les principaux événements racontés dans l'Ancien Testament; là que se sont élevés plusieurs grands empires. Plusieurs religions qui ont exercé une puissante influence sur le genre humain ont eu leur origine en Asie. Il serait certainement très-intéressant de s'étendre sur tous ces sujets; mais, je vous l'ai dit, le moment n'est pas venu pour vous d'étudier à fond ces matières, et plus tard nous pourrons nous en occuper avec plus de fruit.

Nous avons passé rapidement sur la Sibérie ; c'est que peu de voyageurs ont visité ces froides contrées, excepté les malheureux que la politique ou la mauvaise humeur des souverains de la Russie y a exilés ou y exile encore. Dans la partie méridionale bordant la Tartarie, les Sibériens ressemblent aux Tartares. Dans le nord, les habitants sont très-petits, beaucoup plus petits que nous. Ils vivent comme les Lapons, dans des cabanes souterraines, et obtiennent les mêmes services de l'utile animal appelé renne, qui sert à leur nourriture et tire leurs traîneaux.

A l'extrémité nord-est de l'Asie, est une grande presqu'île appelée Kamtschatka. Les habitants vivent aussi dans des huttes creusées en terre, au haut desquelles est pratiquée une ouverture pour faire sortir la fumée ; mais je vous assure qu'il en reste assez pour les étouffer et que nous ne pourrions respirer dans une telle atmosphère. Les Kamtschadales ne se nourrissent en grande partie que de poisson; au lieu de rennes, ce sont des chiens qu'ils emploient pour le transport des hommes et des marchandises.

A la pointe du Kamtschatka se trouvent quelques unes des plus hautes montagnes du globe. Elles s'élèvent brusquement de la plaine jusqu'à une hauteur d'une lieue et plus; imaginez ce que cela peut être! Les sommets de ces montagnes sont toujours couverts de neige; plusieurs d'entre elles sont des volcans en constante éruption, qui éclairent ces contrées désolées avec une effrayante et majestueuse splendeur. Les deux principaux portent des noms bizarres comme tous les noms de ces contrées abandonnées : l'un est appelé Avatcha, et a deux mille neuf cents mètres de hauteur; l'autre, Klioutchevs-koï, en a trois mille sept cents.

Je bornerai là, dit en terminant M. de Mareuil, mes récits sur l'Asie, et dans la prochaine réunion, je vous ferai voyager avec moi en Afrique. »

RÉCITS SUR L'AFRIQUE

Plusieurs jours s'étaient écoulés sans que M. de Mareuil pût se trouver, le soir, aux réunions de famille, parce qu'il avait quelques affaires à régler avec un Américain qui n'était pas chez lui dans la journée, employant à visiter Paris le peu de temps qu'il avait à y passer. Aussi les enfants attendaient-ils avec impatience le moment où l'oncle Charles serait libre de reprendre les récits auxquels ils trouvaient tant d'intérêt. Louise n'y cherchait guère que de l'amusement, quoiqu'elle fît un effort sur son étourderie et sa vivacité pour questionner chaque matin sa petite sœur et lui expliquer ce qui n'était pas tout à fait à sa portée dans ce qu'on avait dit la veille. Jeanne écoutait son oncle avec une curiosité attentive qui lui donnait les moyens de comprendre beaucoup mieux qu'on n'eût pu l'attendre d'une enfant de son âge. Quant à Paul, rien n'était perdu pour lui, et son intelligence, à la fois active et réfléchie, lui rendait extrêmement profitables les récits abrégés de son oncle. D'ailleurs, il ne négligeait aucune occasion de lui adresser en d'autres moments des questions intelligentes, auxquelles M. de Mareuil répondait avec une affectueuse complaisance, jouissant intérieurement, par avance, du plaisir avec lequel son frère remarquerait le développement qui se faisait dans l'esprit de cet aimable enfant.

Il s'éleva un cri de joie à table, le jour, où pendant le dîner, après une semaine de privation, M. de Mareuil annonça qu'il allait commencer ses récits sur l'Afrique ; et, à peine fut-on rentré dans le salon, que le bon oncle, voyant les enfants se presser autour de lui, prit Jeanne sur ses genoux, et reprit ainsi la suite de ses récits :

« Tout ce que je vous raconterai de mes voyages en Afrique remonte à un assez grand nombre d'années, puisque c'est dans cette contrée qu'a eu lieu d'abord la seconde série de mes courses aventureuses. Si je vous ai parlé de l'Asie, c'était pour me conformer à l'ordre établi dans l'enseignement de la géographie. Je ne me suis embarqué pour la Chine qu'après avoir parcouru une partie de l'Afrique; et, sans un goût passionné pour les voyages, mes premiers auraient dû suffire à l'entière satisfaction d'une activité modérée et d'une curiosité ordinaire. En effet, non-seulement j'ai vu en Afrique des choses extrêmement intéressantes et très-neuves pour moi, remontant, pour la plupart, à la plus haute antiquité, mais encore j'ai couru de véritables dangers, et j'ai pu craindre plus d'une fois de ne revoir jamais ni mon pays ni le frère le plus aimé. Cependant ces circonstances, loin de me décourager et de ralentir mon ardeur, ne faisaient qu'aiguillonner le désir insatiable que j'éprouvais de voir et de connaître; et je ne me rapprochais momentanément d'une famille bien chère que pour céder de nouveau à mes instincts vagabonds et la quitter encore.

Ne concluez pas de là, mes enfants, qu'il existe des désirs ou même des passions que l'on ne puisse vaincre; ce serait une grande et fâcheuse erreur; il n'est pas de sacrifice qu'un homme de cœur ne soit capable de faire au devoir, avec une volonté ferme, et le puissant auxiliaire de la religion. Mais aucune obligation positive ne me retenait en France; je ne voyageais d'ailleurs pas sans profit, puisque j'observais et j'étudiais, et que, dans tout le cours de mes voyages, je n'ai jamais laissé échapper, au moins volontairement, une seule occasion de m'instruire. Je n'ai donc pas manqué de bonnes raisons pour me confirmer dans mes goûts, peut-être un peu excentriques, quoiqu'ils fussent combattus par ma profonde affection pour votre père. Aussi je ne m'éloignais jamais de lui sans me dire : « Je reviendrai bientôt pour ne plus le quitter! » Eh bien, mes chers enfants, me voici maintenant; je ne m'éloignerai jamais plus pour longtemps, et j'aurai toujours quelque chose à vous raconter.

Comme j'avais quelques intérêts en Amérique, et que l'humeur voyageuse des Américains s'accordait mieux avec mes inclinations que les habitudes, alors très-sédentaires, de mes compatriotes, je faisais fréquemment la traversée pour me rendre aux Etats-Unis d'Amérique, et ce fut de New-York que je m'embarquai pour l'Afrique. Le navire sur lequel je pris passage faisait voile pour la Méditerranée; c'était un beau vaisseau, appelé le *Swan*, c'est-à-dire « le Cygne. » Si vous regardez la carte avec moi, vous pourrez suivre la route que j'ai prise, et vous verrez d'abord que j'ai dû traverser l'océan Atlantique.

Nous eûmes un bon vent, et en peu de jours nous nous approchâmes des Bermudes, groupe de petites îles qui appartiennent aux Anglais. Elles sont au nombre de quatre cents, mais peu d'entre elles sont habitables. La principale de ces îles est Saint-George, dans laquelle il y a une petite ville et plusieurs ports, et qui est défendue par deux forts. L'air y est en général salubre, excepté dans le milieu de l'été, quand la chaleur est excessive. A peine s'y aperçoit-on de l'hiver. Les îles Bermudes produisent le cèdre, le palmier, surtout le genévrier, du tabac, des légumes, et une grande variété de fruits; les endroits les plus fertiles donnent, par an, deux récoltes de blé indien. On voit aussi dans ces îlots beaucoup de différents oiseaux, et du poisson en abondance. Malheureusement ils sont sujets à des ouragans quelquefois terribles.

Peu après, nous vîmes les îles Canaries, d'où sont originairement venus les jolis petits oiseaux, appelés serins, que vous aimez tant. Ces îles sont au nombre de treize, dont sept sont très-grandes; les six autres sont petites. On suppose qu'elles étaient connues des anciens sous le nom d'*îles Fortunées*. Elles sont élevées et couvertes de montagnes, dont plusieurs, particulièrement celle appelée le pic de Ténériffe, sont comptées parmi les plus hautes du monde. Quelques voyageurs ont assuré qu'on pouvait apercevoir ce pic, de soixante et dix, même de cent lieues ; mais c'est une exagé-

L'île de Ténériffe.

ration ; on ne peut guère le voir de plus de cinquante lieues, et c'est assurément beaucoup. Le sommet en est presque toujours couvert de neige. De notre vaisseau, il me faisait l'effet d'un gros

nuage s'élevant très-haut dans les airs. M. de
Humboldt, célèbre voyageur, raconte que le capitaine du vaisseau sur lequel il était un jour le
prit pour un château fort et envoya un bateau
pour complimenter le gouverneur! Ces îles sont
d'un très-bel aspect; la principale, appelée la grande
Canarie, donne deux et quelquefois trois récoltes
par an. Les habitants cultivent la canne à sucre,
les vignes, dont le fruit produit le célèbre vin de
Canarie, et ils ont d'autres excellents fruits, tels
que limons, poires, pommes, figues de plusieurs
espèces, et ananas.

Nous arrivâmes enfin en vue de Gibraltar ; c'est
une ville située sur un roc de quinze cents pieds
de haut, et défendue par une forteresse imprenable.
Gibraltar est en Espagne et forme la pointe la
plus méridionale de l'Europe. La forteresse et la
ville appartiennent aux Anglais, qui s'en sont emparés par surprise et qui les gardent avec une
garnison de plusieurs milliers d'hommes et beaucoup de canons.

Gibraltar, à l'entrée de la mer Méditerranée,
donne son nom au détroit par lequel la mer coule
de l'océan Atlantique dans la mer Méditerranée.
Le détroit est large de cinq lieues dans sa partie
la plus étroite; en le suivant sur notre vaisseau,

je pouvais voir les bords des deux côtés; à notre
gauche était l'Europe; à droite était l'Afrique. Les
anciens appelaient le détroit de Gibraltar *les Colonnes d'Hercule*.

Nous entrâmes ensuite dans la Méditerranée.
Cette mer, que l'on peut regarder comme un immense golfe formé par l'océan Atlantique, a environ huit cent vingt-cinq lieues de l'ouest à l'est,
et, en moyenne, cent lieues du nord au midi. Elle
forme d'autres golfes, et ses côtes, couvertes de
villes et de villages, avec un grand nombre de
ports, appartiennent à différentes contrées. Beaucoup de beaux fleuves y déchargent leurs eaux,
et elle contient une infinité d'îles, tant grandes
que petites. Elle transporte des vaisseaux de toutes
les parties de l'Europe, et sert de voie au commerce le plus étendu.

Notre voyage fut très-prospère ; il arrive rarement qu'un vaisseau traverse l'Atlantique sans essuyer de mauvais temps; nous n'eûmes cependant
pas un seul orage, et quarante jours après avoir
quitté New York, j'étais en Sicile, qui est la plus
grande des îles de la Méditerranée ; elle est située
entre l'Italie et la côte d'Afrique, et elle appartient au royaume de Naples. Le climat de la Sicile est délicieux, les chaleurs de l'île se trouvant

tempérées par les fraîches brises de la mer ; mais il y a de fréquents tremblements de terre, et le *sirocco,* vent du sud, très-malsain, y souffle souvent. Néanmoins cette grande île a toujours été renommée par sa fertilité, et elle contient, entre autres, plusieurs mines de sel. Les objets d'exportation de la Sicile sont principalement la soie, les blés, le sel, l'huile d'olive, les vins, le safran et différentes sortes de fruits ; ainsi que des peaux de chèvres et d'autres animaux.

Le navire sur lequel j'avais pris passage déchargea ses marchandises pour prendre des vins et des fruits et les transporter à New-York. Pour moi, je pensais à voir le mont Etna, situé dans la province de Catane, et l'un des volcans les plus célèbres du monde. Vous savez déjà qu'un volcan est une montagne dont le sommet jette du feu, de la fumée, des cendres et des pierres fondues et liquides que l'on appelle lave. L'ouverture par laquelle se font ces éruptions se nomme le cratère.

Quelques circonstances s'opposèrent à ce que je pusse monter jusqu'au sommet de l'Etna ; mais je fus assez heureux pour pouvoir être témoin de l'une de ses éruptions ; c'est un spectacle vraiment imposant et terrible. Une nuit, des bruits souterrains se firent entendre dans la montagne; ils ressemblaient à un roulement de tonnerre éloigné. Bientôt on vit sortir du cratère des flammes qui semblaient s'élever jusqu'aux nues et restaient sur la montagne comme une colonne de feu. En même temps des nuages d'une fumée noire tourbillonnaient à l'entrée du cratère, tandis que la lueur projetée par les flammes se répandait tout alentour et transformait la nuit en un véritable jour.

Au bout de quelque temps, les flammes disparurent subitement comme si elles fussent rentrées dans le sein de la montagne, et l'obscurité devint complète. Mais ce ne fut pas pour longtemps; bientôt des pierres rougies par le feu furent lancées à leur tour par la bouche du volcan, et s'élevèrent dans les airs en faisant entendre une espèce de sifflement, pour retomber de tous les côtés de la montagne. Elles roulaient alors comme un torrent avec un bruit affreux, et se répandirent sur le pays en détruisant les villages sur lesquels elles passaient. Les habitants s'enfuirent, mais plusieurs furent atteints et ensevelis sous ces masses brûlantes. C'était une scène terrible et désolante, à laquelle je ne puis encore penser sans frémir.

La montagne continua de fumer pendant quelques jours, mais elle ne jeta plus de lave. Ces éruptions du mont Etna se sont fréquemment renouvelées depuis des milliers d'années.

Après quelques semaines de séjour à Palerme, je quittai la Sicile sur le vaisseau qui m'avait ramené. Notre voyage semblait commencer sous d'heureux auspices, lorsque, au bout de deux jours, nous fûmes assaillis par un orage. Le vent soufflait avec violence, et l'agitation de la mer croissait toujours. Notre vaisseau était horriblement ballotté, si bien qu'en quelques heures deux de nos mâts furent brisés et tombèrent à la mer. On ne pouvait plus gouverner le navire; il s'y fit une voie d'eau, et, malgré le travail incessant des pompes, l'eau montait rapidement. On donna l'ordre d'alléger le vaisseau, et une grande partie de la cargaison fut immédiatement jetée à la mer. La nuit vint, et le vent s'accrut. Le navire s'agitait comme si la ter-reur eût saisi jusqu'au bois même dont il était construit. Cependant notre capitaine, homme brave et intrépide, ne négligeait rien pour sauver le bâtiment; conservant le plus grand calme et toute sa présence d'esprit, il parlait aux hommes de l'équipage d'une manière toujours encourageante et leur donnait l'exemple du travail, tout en dirigeant la manœuvre; mais ses efforts furent inutiles. La foudre tomba sur le vaisseau et embrasa toutes les voiles; les lames d'eau éteignirent bientôt les flammes; mais les vagues, recouvrant le vaisseau, emportèrent avec elles la plupart des matelots; de vingt, il n'en resta que cinq.

Quant à moi, j'avais fait le sacrifice de ma vie et remis mon âme entre les mains de Dieu, car je n'espérais pas revoir un autre matin; mais le jour vint, et l'espérance qui renaît si facilement dans le cœur de l'homme, se ranima dans le mien. L'orage avait cessé, les nuages se dissipèrent, et le soleil parut. Hélas! notre pauvre navire n'était plus qu'une ruine; les vagues, encore agitées, le frappaient lourdement, et les plus grands efforts, un travail incessant aux pompes, pouvaient à peine l'empêcher de couler.

Dans cette situation désespérée, nous aperçûmes un vaisseau qui faisait voile vers nous, et cette vue était plus terrible pour nous que la mer en fureur, car nous reconnûmes que c'était un corsaire ou voleur de mer, qui venait pour nous dépouiller et s'emparer de nous. Il n'était point rare alors que des vaisseaux fussent pris, la cargaison saisie, et les hommes vendus comme esclaves ou enfermés dans de sombres cachots.

En conséquence le vaisseau qui approchait nous paraissant petit, nous résolûmes de faire une vi-

goureuse défense et de périr plutôt que de nous
laisser prendre. Nous étions armés de piques et
d'épées ; nous attendîmes de pied ferme, sur le
pont, l'attaque des pirates. Ils furent bientôt près
de nous ; mais la mer était si forte, qu'il se passa
quelque temps avant qu'ils osassent aborder. Enfin
ils se rapprochèrent tout à fait, et les deux vaisseaux se touchèrent. Cinq ou six hommes armés
d'épées sautèrent sur le pont de notre navire ;
nous en tuâmes trois à l'instant avec nos piques,
et nous en précipitâmes deux à la mer entre les
deux vaisseaux. D'autres s'élancèrent pour les rem-
placer ; mais sans perdre courage, nous redoublâmes
nos efforts, jusqu'à ce que notre capitaine reçût
un coup de pistolet dans la poitrine ; un coup sur
la tête m'étourdit et me renversa ; les trois hommes
qui restaient, incapables de résister, cédèrent à la
force.

La meilleure partie de la cargaison de notre
vaisseau fut transportée sur le corsaire, et nous
également. On fit plusieurs trous dans notre navire, qui fut promptement rempli d'eau, et les
vagues s'ouvrant, l'engloutirent dans leur sein. Elles
bouillonnèrent et fumèrent quelques instants à la
place où il avait disparu, puis l'on ne vit plus
rien.

Tous les enfants, émus par ce récit, embrassèrent leur oncle plus tendrement qu'à l'ordinaire, et ils allèrent se coucher dans un calme qui ressemblait à la tristesse, souhaitant d'être au lendemain pour entendre la fin de cette périlleuse aventure.

M. de Mareuil, empressé de satisfaire l'impatiente curiosité de son neveu et de ses nièces, reprit ainsi le lendemain son récit :

Nous reconnûmes bientôt que le corsaire qui nous avait capturés venait de Tripoli. La régence de Tripoli est un pays très-étendu, au nord de l'Afrique ; les habitants sont une race cruelle et barbare, qui, au temps dont je parle, s'adonnaient principalement à la piraterie et pillaient tous les vaisseaux dont ils pouvaient s'emparer. Nous savions que beaucoup d'Américains étaient déjà leurs prisonniers et enfermés dans des cachots, et nous n'avions pas pour l'avenir une perspective plus agréable.

Au bout de cinq jours nous arrivâmes dans la ville de Tripoli. Nous étions traités avec une extrême cruauté, et notre capitaine souffrait beaucoup de ses blessures. Nous fûmes conduits, escortés par des soldats dont la peau était noire et le costume bizarre, à un grand bâtiment de pierre; ce bâtiment était un château fort. On nous fit entrer dans une grande chambre obscure, où nous restâmes quatre jours, n'ayant pour toute nourriture que du pain et de l'eau. Au bout de ce temps, on nous tira de cette prison, et l'on nous fit traverser la ville, toujours entourés de soldats. Tout ce que je vis, me parut étrange. Les habitants étaient singulièrement vêtus, et leur peau était presque noire. Les rues de la ville étaient très-étroites, et les toits des maisons tout à fait plats.

Enfin nous arrivâmes à une autre prison, où l'on nous renferma, et j'eus la douleur de me voir séparé de mes compagnons d'infortune et confiné dans une chambre à part. Cette chambre était un sombre cachot, qui ne recevait un peu de lumière que par un trou étroit et profond, pratiqué dans le mur épais de ma prison. Là, je fus laissé seul, livré à toute l'amertume de mes pensées, ne recevant chaque jour, pour unique nourriture, que du pain et de l'eau, apportés par un homme à mine rébarbative, qui ne paraissait pas avoir pour moi plus d'égards que pour un animal. Je ne connaissais pas son langage et n'aurais pu me faire comprendre de lui ; mais il était facile de voir que toutes mes paroles, eussent-elles été comprises, seraient restées sans réponse.

Que mes réflexions étaient tristes et désolantes, et que les heures me paraissaient longues ! Point de livres, personne à qui parler, dans une complète incertitude sur mon sort à venir, ou plutôt presque sûr de ne revoir jamais ni ma famille ni mon pays, dont j'étais si éloigné, et depuis si longtemps....

J'étais bien près de me livrer au désespoir ; mais la religion vint à mon secours, et je finis par me résigner à mon malheur, non sans faire bien des vœux pour revoir la lumière du jour et respirer un air libre, ne fût-ce que pendant quelques instants, dussé-je mourir après ! Car ma captivité se prolongeait ; la nuit succédait au jour, et le jour à la nuit, sans qu'il se fît aucun changement dans ma triste position. J'essayais de me distraire par des projets de fuite ; mais je dus bientôt me convaincre que la chose était impossible, et je retombai dans le découragement.

Une nuit, cependant, je crus entendre un léger bruit près du trou qui me servait de fenêtre : j'écoutai attentivement, et je m'assurai que quel-

qu'un s'en était approché. Qui cela pouvait-il être ?
Je ne connaissais personne à Tripoli ; personne ne
pouvait me vouloir du bien ; je n'avais donc à
attendre de cet incident qu'une aggravation à mes
maux, si tant est qu'ils eussent pu être aggravés,
car la mort m'aurait paru plus douce que la vie
qui m'était faite. Mais le bruit cessa, et lorsque le
jour vint, je m'aperçus seulement que la toile d'une
araignée, dont le travail m'intéressait, avait été
arrachée de la misérable fenêtre, et que l'araignée
avait disparu. Cela était vraiment une aggravation
de peine !

La nuit suivante, j'entendis encore du bruit, et
la troisième encore, et de plus, je m'imaginai
qu'on s'adressait à moi à voix basse, mais je ne
distinguais pas les sons et je crus m'être trompé.
Hélas ! il fallait bien qu'il en fût ainsi, car les
nuits se succédèrent sans que le bruit se renou-
velât, et le faible espoir qu'il avait éveillé s'étei-
gnit bientôt pour me rendre à l'uniformité de ma
vie et de mes chagrins.

Il arriva une fois que, m'étant endormi, je rêvai
que j'avais subitement recouvré ma liberté ; je me
trouvais dans les bras de mon frère, et je me
sentais si heureux que les transports de ma joie
m'éveillèrent. Je ne savais plus où j'étais, je me

sentais encore prêt à me jeter à genoux pour rendre grâces à Dieu de ma délivrance, quand la vérité se fit jour; je me rappelai que j'étais au pouvoir de gens cruels qui ne pouvaient vouloir que ma mort, et sans espérance de revoir mon cher frère; je fondis en larmes.

En ce moment, j'entendis distinctement une clef entrer dans le trou de la serrure, puis tourner doucement, jusqu'à ce qu'enfin la porte s'ouvrît lentement et avec précautions. Une personne dont les pieds touchaient à peine la terre et ne faisaient aucun bruit, s'approcha et me dit bien bas, en italien : « Suivez-moi, et silence ! »

Surpris et charmé, je n'hésitai pas un instant; nous sortîmes, la porte fut soigneusement refermée derrière nous par mon libérateur, et nous continuions de marcher sans bruit, quand un homme qui dormait, étendu sur la terre, s'élança tout d'un coup et leva son épée pour frapper mon conducteur. Mais celui-ci, plus prompt que l'éclair, lui donna sur la tête un coup de bâton si bien asséné, que l'homme tomba sans mouvement. Nous prîmes alors plusieurs étroits passages, et nous arrivâmes enfin à un espace assez grand, mais entouré de murs élevés.

Mon compagnon franchit le mur, au moyen d'une

échelle de corde qui s'y trouvait attachée; je le suivis, et nous nous servîmes de la même échelle pour descendre dans la rue. Nous entendîmes alors derrière nous un bruit de voix et de pas qui nous fit craindre que ma fuite n'eût été découverte; nous vîmes aussi des lumières se refléter sur la muraille qui faisait face au bâtiment; mon guide se mit alors à courir, en me faisant signe de le suivre, et, par de nombreux détours dans les rues étroites et tournantes, me conduisit bientôt à une distance considérable de la prison.

« Ah! le brave homme, » dit Paul comme soulagé d'un poids énorme. Jeanne passa son bras autour du cou de son oncle, qu'elle embrassa tendrement. Quant à Louise, elle avait jeté un grand cri; car c'était toujours avec beaucoup de bruit qu'elle exprimait sa joie ou son chagrin.

Nous arrivâmes, continua M. de Mareuil, à une maison dans laquelle mon guide me fit entrer, en me disant d'y rester sans inquiétude et d'attendre son retour pour recevoir les explications que je pourrais désirer. En même temps, après m'avoir introduit dans une pièce isolée, il me quitta, me laissant dans une profonde obscurité.

J'étais content, sans doute, du changement qui venait de se faire dans mon sort, mais je n'étais

pourtant pas complètement rassuré. Où étais-je ?
quel était cet individu qui venait de me délivrer,
et pourquoi m'avait-il tiré de ma prison ? Toutes
ces questions occupaient mon esprit, et j'eus le
temps de m'y livrer à mon aise, car il se passa
plusieurs heures avant que personne vînt m'en tirer. Enfin, une femme ouvrit la porte de la chambre
où j'étais, et m'adressa la parole dans la langue
du pays ; mais, voyant que je ne la comprenais
pas, elle me parla italien, me dit d'avoir l'esprit
tranquille, et m'assura que je n'avais rien à
craindre. Je voulus lui adresser quelques questions ; mais elle n'y répondit pas, et quitta la
chambre pour revenir bientôt avec des provisions.
Elle me dit alors qu'il était indispensable à ma
propre sûreté comme à celle de mon libérateur,
que je restasse dans la chambre où j'étais, sans
faire une seule tentative pour en sortir, et que,
dans quelques jours, je reverrais celui qui m'avait
rendu la liberté et qui répondrait à toutes mes
questions. Elle ajouta qu'elle ferait tout ce qui
serait en son pouvoir pour me rendre le moins désagréable possible le temps que j'avais à passer dans
l'endroit où j'étais. En effet, cette bonne femme
eut pour moi toutes sortes de soins et d'attentions
respectueuses, et comme elle passait souvent assez

de temps avec moi et que je comprenais son assez
mauvais italien, elle m'apprit, sur le pays où j'étais
et le peuple qui l'habitait, beaucoup de choses que
je vais vous redire brièvement.

La forme de l'Afrique, comme vous pouvez le
voir, est un peu celle d'un gigot de mouton; la
partie la plus méridionale, appelée le cap de Bonne-
Espérance, en est le manche. Au nord de l'A-
frique, vous voyez sur la carte le nom de plusieurs
pays, qui sont Tripoli, Tunis, Alger et le Maroc;
tous ces pays portent le nom général de Barbarie.

L'Afrique est séparée de l'Amérique, ou continent occidental, par l'océan Atlantique. Du nord au
midi elle a dix-sept cents lieues, et deux mille
lieues de l'est à l'ouest, dans sa plus grande largeur. Ses habitants sont originairement des nègres
et des Arabes; ces deux races se sont mêlées et en
ont produit d'autres, moitié nègres, moitié arabes,
qui portent différents noms et sont divisées en
une multitude de différentes tribus et nations. On
croit que l'Afrique contient environ soixante millions d'habitants.

Ceux de la Barbarie sont principalement des
Maures, à peu près semblables aux Arabes. Ils
ont le teint basané, de beaux yeux, de belles

dents; ils sont avides, avares et cruels, et fort adonnés à la piraterie. Il ont un grand nombre d'esclaves nègres, qu'ils tirent du centre de l'Afrique.

La Barbarie est donc divisée en quatre états, qui sont Tunis, Tripoli, l'Algérie et le Maroc, chacun de ces états ayant une capitale du même nom que le pays. Tous ces peuples sont mahométans, grands ennemis des chrétiens, et, dans le temps où j'y étais, c'était chez eux un commerce régulier que d'envoyer en mer des vaisseaux qui s'emparaient des navires appartenant aux pays chrétiens.

Au midi de la Barbarie est un immense désert, appelé désert de Sahara, qui a seize cents lieues d'étendue, de l'est à l'ouest, et deux-cent-trente, du nord au midi; on ne peut le traverser que sur des chameaux, et il est très-dangereux de voyager dans ce désert, car le vent élève quelquefois des tourbillons de sable sous lesquels sont ensevelis les infortunés voyageurs. En outre, plusieurs tribus arabes sont errantes dans le désert, où elles attaquent et pillent tous ceux qu'elles rencontrent. Il s'y trouve, de loin en loin, des endroits isolés et fertiles, appelés oasis.

Au midi de ce grand désert, il y a plusieurs nations nègres, qui habitent des pays très-fertiles. Le capitaine Clapperton, qui a fait plusieurs dé-

couvertes dans cette partie de l'Afrique, a visité
quelques-uns des rois ou sultans de ces différentes
tribus sauvages. Dans le cours de son voyage, il
vit deux villages pleins de boutiques de serruriers,
où se trouvaient plusieurs forges. Les montagnes
qui les avoisinaient contenaient du minerai de fer,
qu'on travaillait à l'endroit même où il était extrait
de la montagne. C'était sur la route de Koulfa,
grande ville de marché et capitale du Nyffé,
royaume de la Nigritie. Le pays est bien cultivé
et produit des blés, de l'igname et du coton. C'est
là que le capitaine Clapperton a trouvé des four-
milières telles qu'il n'en avait jamais vu, hautes
de quinze ou vingt pieds, et ressemblant, dit-il, à
des églises gothiques en miniature. La première
nuit après l'arrivée de ce voyageur à Koulfa, était
celle de la nouvelle lune, qui fut saluée avec des
cris de joie; car elle mettait fin à un long jeûne,
appelé le Ramadan, et le jour qui suivit fut un
jour de fête pour toute la ville. Chacun, paré de
son mieux, faisait et recevait des visites, donnait
et acceptait des présents, ou se promenait dans les
rues avec des instruments, tels que des cors, des
guitares et des flûtes, tandis que de petites réunions d'hommes et de femmes étaient assises sous
les devantures de leurs portes ou sous des arbres,

buvant le *booga*, qui est une espèce de bière. Les femmes étaient habillées à la plus grande mode de Nyffé; coiffées avec de la laine tressée et teinte en indigo; les sourcils teints en indigo, les lèvres en jaune et les dents en rouge. Leurs bras et leurs jambes étaient ornés de bracelets de verre, de cuivre ou d'argent; et leurs doigts de bagues de cuivre, d'argent, d'étain, etc., etc. Plusieurs avaient des dollars espagnols soudés sur leurs bagues. Le dollar est une pièce d'argent qui vaut cinq francs de notre monnaie.

Vous êtes peut-être surpris de m'entendre parler d'un jeûne parmi ces sauvages; mais il faut que vous sachiez que les Arabes, ayant fait beaucoup de conquêtes en Afrique, ont toujours introduit leur religion dans les pays conquis. C'est la religion mahométane, qui, tout en reconnaissant Allah pour le seul vrai Dieu, se compose d'un grand nombre de superstitions et, comme je vous l'ai dit, professe une profonde haine pour les chrétiens. Ils croient avant tout à leur faux prophète Mahomet; et quoiqu'ils veuillent bien reconnaître Notre Seigneur Jésus-Christ pour un prophète aussi, ils considèrent ceux qui voient en lui le Fils de Dieu comme des chiens et des infidèles; ce sont les noms qu'ils nous donnent.

Sur la côte d'Afrique, depuis le grand fleuve de Sénégal, que vous pouvez voir sur la carte, jusqu'au cap de Bonne-Espérance, il y a beaucoup de tribus de nègres. C'est là que se trouve la côte de Guinée, d'où l'on tire tant d'esclaves pour l'Amérique. Le commerce des esclaves est impie et cruel; c'est un trafic qui fait la honte de ceux qui s'y livrent et de ceux qui en profitent, et un grand crime aux yeux. de Dieu.

Vers le cap de Bonne-Espérance est le pays des Hottentots, race de nègres dont je vous parlerai plus tard; et au cap de Bonne-Espérance est la ville du Cap, appartenant aux Anglais. On trouve, en outre, beaucoup de petits villages anglais près de la ville du Cap.

Sur la côte orientale de la pointe méridionale de l'Afrique, il y a plusieurs tribus de nègres, dont les Cafres sont les plus remarquables. On dit que ce sont les hommes les mieux faits qu'il y ait au monde.

En remontant du pays des Cafres, vous arrivez, après avoir traversé la Mozambique et d'autres pays, à l'Abyssinie, contrée montagneuse, habitée par une race très-singulière. Le Nil, un des fleuves les plus célèbres du monde, coule au milieu de l'Abyssinie. Il parcourt ensuite la Nubie et l'Egypte, et se jette dans la Méditerranée, à l'extrémité orientale de ce dernier pays.

« Mais votre histoire, mon oncle, votre histoire ! » dirent à la fois Louise, Paul et Jeanne, quand on rentra le lendemain dans le salon.

« Patience, mes enfants, dit M. de Mareuil ; il faut avant cela que je dise quelque chose de plus sur la Barbarie et sur la ville de Tripoli.

Tripoli est une grande cité. Les maisons sont carrées et n'ont qu'un étage. Les toits sont plats ; on s'y promène habituellement. Les rues de Tripoli sont étroites, tortueuses et sablonneuses. Presque tous les fardeaux sont portés d'un point à un autre sur le dos des chameaux, et ces grands animaux soulèvent beaucoup de poussière en passant dans les rues. La ville est entourée de fortes et hautes murailles, avec des remparts qui les défendent de toute attaque. Ces murs ont deux portes pour entrer dans la ville et en sortir : l'une est au nord, vers la mer ; l'autre au midi, sur le pays. A l'extrémité orientale de la ville, on voit le château dans lequel réside le pacha.

Ce pacha est une sorte de roi, qui gouverne le peuple. Son royaume, qu'on appelle Régence, est très-grand et s'étend jusqu'au Fezzan, qui est un pays de plus de cent lieues, au sud, et situé au milieu du grand désert.

Le pacha, qui est généralement un homme cruel, gouverne despotiquement son peuple. Son château est entouré d'une forte muraille, haute de quarante pieds; et il s'y renferme toujours, dans la crainte d'être tué par quelqu'un de ses sujets. Il a beaucoup de femmes qui vivent dans une partie séparée du château. Elles sont très-richement habillées, ornées d'or, d'argent, de joyaux, et couvertes de parfums; mais elles sont enfermées, et l'on peut dire prisonnières, quoique leur prison soit une cage dorée.

La plus grande partie de la population se compose de Maures. Les Maures ne portent pas de chapeaux, mais bien des turbans comme les Turcs; au lieu d'habits, ils usent de vêtements fort amples et fort larges, attachés autour de la taille par une ceinture, et de grands pantalons, avec des bottes jaunes. Les femmes s'enveloppent dans une sorte de vêtement appelé barracan, qui couvre toute leur personne; et elles le tiennent d'assez près sur leur tête pour cacher entièrement leur visage, que la modestie, dans ce pays, ne permet pas d'exposer à la vue.

Le climat est excessivement chaud en été. En automne, il tombe de grosses pluies pendant plusieurs jours et plusieurs nuits. Puis elles s'arrêtent tout à coup, et il ne tombe plus une goutte d'eau pendant bien des mois.

Il y a beaucoup de Juifs à Tripoli. Comme les Maures sont très-indolents, ce sont les Juifs qui font le principal commerce de la ville; cependant les Maures les traitent avec le plus grand mépris, leur crachent au visage, leur tirent la barbe, et les pauvres Juifs ne peuvent dire un mot. Les Chrétiens, au temps dont je vous parle, étaient souvent aussi très-maltraités; il n'en est plus de même, aujourd'hui qu'ils ont su se faire craindre et respecter.

Je vais maintenant vous parler de la Régence d'Alger, telle qu'elle était avant la conquête que les Français ont faite de la ville d'Alger, dans l'année 1830. C'est une contrée très-étendue et assez peuplée, autrefois sous le gouvernement d'un dey, qui résidait à Alger, très-grande ville, renfermant alors cinquante mille habitants. Le dey était assez semblable au pacha de Tripoli et vivait de la même manière. Dans beaucoup d'endroits, le

climat de l'Algérie est si tempéré, qu'on y jouit
d'une constante verdure ; les feuilles des arbres

Vue d'Alger.

n'étant ni rôties par un soleil trop ardent en été,
ni flétries par les gelées en hiver.

La ville d'Alger est située en face de Minorque, île de la Méditerranée. Elle est bâtie au bord de la mer, sur le penchant d'une colline, en forme d'amphithéâtre, et les maisons s'élèvent graduellement les unes au-dessus des autres, présentant du côté de la mer l'aspect le plus agréable. Les habitants d'Alger ont beaucoup de rapport avec ceux de Tripoli, mais ils sont moins barbares. Les toits des maisons sont plats et communiquent les uns avec les autres, en sorte que l'on peut facilement parcourir sur ces toits la longueur d'une rue. Du moins en était-il ainsi, avant tous les changements que nous avons introduits dans cette ville, que nous avons beaucoup embellie, trop peut-être, eñ la dotant de rues droites et larges, dans lesquelles le soleil ardent de cette contrée a bien plus d'accès que dans les rues étroites et tortueuses, plus propices à l'ombre et à la fraîcheur.

Beaucoup de gens ont de petits jardins sur les toits de leurs maisons; ces maisons sont blanches, et comme elles sont situées sur le penchant d'une colline, la ville, d'une certaine distance, en mer, fait l'effet d'une grande voile de vaisseau.

La Régence d'Alger a, pendant des siècles, bravé le ressentiment des plus puissants Etats de l'Europe; c'était un fléau sur la Méditerranée, à cause

de la piraterie qui était devenue la profession
de la plupart des habitants du pays. Plusieurs
tentatives furent faites pour réprimer leurs bri-
gandages ; Charles-Quint y perdit une flotte et
une armée, en 1540 ; Louis XIV bombarda trois
fois la ville, et les Anglais en firent autant en
1816. Enfin le dey d'Alger, ayant insulté le consul
de France en lui donnant un coup d'éventail, le
roi Charles X arma contre Alger, et la ville fut
prise en 1830.

Cette conquête a coûté à la France des flots de
sang et plus d'un milliard ; mais cette belle et flo-
rissante colonie commence à nous dédommager de
ce qu'elle nous a coûté, et puissions-nous, pour
en faciliter la complète civilisation, y établir notre
religion et toutes les vertus qu'elle enfante !

Le Maroc, le troisième des Etats barbaresques,
est aussi un très-grand pays, gouverné par un empereur, dont la capitale est Maroc. Cette ville est
située dans une plaine fertile, et environnée par
de délicieux bosquets de hauts palmiers. Le pays
produit des oranges, des figues, des melons, des
abricots, des pêches, des raisins, des poires, des
dattes, des prunes et des grenades. On y voit aussi
en profusion les fleurs les plus belles et les plus
odoriférantes. Maroc est défendue par de fortes

murailles, et le palais de l'empereur est un superbe édifice. Il y a dans la ville un grand nombre de mosquées, qui sont les églises des Musulmans. Près de Maroc on voit une chaîne de hautes montagnes, dont les sommets sont toujours couverts de neige, et qui sont si élevées qu'on peut les apercevoir de plusieurs centaines de lieues en mer. Les anciens donnaient à ces montagnes le nom d'Atlas et les croyaient les plus hautes du monde. Mais c'était une erreur; les montagnes de l'Inde et du Thibet sont beaucoup plus élevées. Les vallées de l'Atlas et même du Maroc sont habitées par les Berbères, qui parlent une langue tout à fait différente des Maures et des Arabes, et sont, en réalité, les naturels de toute la côte de Barbarie, à laquelle ils ont donné leur nom. C'est une race hardie et vigoureuse de pâtres et de bergers. En hiver, eux et leurs troupeaux se retirent dans des caves où ils se tiennent chaudement au moyen de grands feux; en été, ils vivent dans des huttes.

Il y a plusieurs grandes villes dans la Mauritanie, dont Fez est la plus considérable. Les édifices de cette cité sont les plus beaux de toute la Barbarie, et elle possède beaucoup de mosquées dont plusieurs sont magnifiques. Les jardins abondent en fruits délicieux, et les roses et autres fleurs

odorantes sont en si grande quantité qu'elles par-
fument l'air à une distance considérable.

Je reviens à Tunis, dont vous voyez à la page suivante une des principales mosquées. Cette régence
est le plus petit des Etats barbaresques; la ville
la plus importante est Tunis, où réside le bey. C'est
près de là qu'était l'ancienne et célèbre ville de
Carthage, qui florissait il y a plus de deux mille
ans, et qui envoya contre Rome une armée commandée par le fameux Annibal. Carthage, bâtie
sur trois collines, et entourée d'une triple muraille, avait, dit-on, près de huit lieues de circonférence. Elle contenait sept cent mille habitants.
Cette ville, si puissante pendant sept cents ans,
fut enfin prise par les Romains, qui la détruisirent
par le feu de fond en comble. Elle brûla pendant
dix - sept jours consécutifs, et il n'en resta rien
que les citernes et quelques ruines à quatre lieues
de Tunis.

Tunis était le but de la troisième croisade, et
c'est au siége de cette ville que mourut de la peste,
en 1270, notre saint et grand roi Louis IX. En
1840, la France, sous Louis-Philippe, a élevé une
statue à saint Louis, près de l'endroit où il est
mort.

Voilà, à peu près, tout ce que j'ai à vous dire

TUNIS

Entrée de la grande mosquée.

maintenant des Etats de la Barbarie, qu'on peut appeler, en général, une fertile et délicieuse contrée. La nature a tout fait pour cette charmante partie du globe; mais, excepté l'Algérie, qui recueille à présent dans un commencement de civilisation les fruits de notre conquête, les habitants en sont, pour la plupart, sauvages et barbares.

A l'époque de mon séjour forcé à Tripoli, les corsaires croisaient encore constamment dans la Méditerranée et s'emparaient de tous les vaisseaux qu'ils pouvaient saisir; mais on a mis fin à la piraterie, et les barbares commencent à concevoir quelque crainte de la puissance européenne.

« Cher oncle, dit Paul, vous avez parlé hier de tout autre chose que de vous; n'allez-vous pas finir aujourd'hui votre histoire?

— Sans doute, mon cher enfant; mais tout ce que j'ai dit était utile à savoir et vous aidera à mieux comprendre ce qu'il me reste à vous raconter.

Il y avait un mois que j'étais enfermé dans la maison dont je vous ai parlé, et je n'avais pas encore vu la personne qui m'avait tiré de prison.

La femme qui me servait ne voulait rien m'apprendre, et je me perdais en conjectures sur les motifs qu'avait eus l'inconnu pour me délivrer à ses risques et périls, et sur ce qu'il prétendait faire de moi.

Enfin, je fus éveillé, une nuit, par un homme enveloppé dans un grand manteau, qui me dit de me lever et de m'habiller sur-le-champ pour le suivre. Je me rendis à son invitation, et nous sortîmes ensemble. Nous circulâmes dans les rues étroites et tortueuses, et nous nous trouvâmes bientôt à l'une des portes de la ville. Là mon conducteur s'entretint quelques instants avec le gardien de la porte; puis nous passâmes, continuant de marcher en silence. J'avais bien tenté d'adresser deux ou trois fois la parole à mon guide; mais alors il mettait, sans me répondre, le doigt sur la bouche, et je compris que je devais absolument me taire.

Nous arrivâmes au port, et, mon compagnon faisant une petite lumière avec le bassinet de son pistolet, un bateau vint à notre rencontre; nous y entrâmes et, tournant le dos à la ville, nous nous dirigeâmes vers la mer. Nous avions quatre rameurs, et le bateau avançait avec une grande rapidité. Nous fîmes environ une lieue de cette manière, et alors s'approcha de nous une petite goëlette, qui semblait nous attendre, et dans laquelle nous nous installâmes. La nuit était claire, et le vent très-frais; notre esquif était bon voilier et glissait sur les eaux comme l'oiseau fend les airs.

Le jour parut enfin. Je n'avais rien vu ni rien entendu qui pût m'instruire de ce qu'était mon mystérieux compagnon, et fatigué de conjectures, je m'étais étendu sur le pont et profondément endormi. Je n'ouvris les yeux qu'au lever du soleil, et ils tombèrent à l'instant sur un homme basané qui était devant moi. Je le reconnus sur-le-champ : c'était Léo, le capitaine italien dont j'avais sauvé la vie au commencement de mes voyages, et que j'avais retrouvé ensuite à la tête d'une troupe de voleurs de grands chemins. Connaissant la violence de son caractère, je pensais qu'il était probablement engagé en ce moment même dans quelque coupable entreprise; mais je ne craignis pas pour moi-même, il était mon libérateur, et je compris que sa reconnaissance envers moi l'avait porté à me sauver de la position cruelle et dangereuse dans laquelle je m'étais trouvé.

Après les premières paroles échangées entre nous, Léo me conduisit dans la petite cabine de notre goëlette. Il y avait huit ans que je ne l'avais vu; il était peu changé. Il avait le teint très-brun, des yeux noirs et perçants; ses cheveux, longs et noirs aussi, étaient naturellement bouclés; au total, son extérieur avait quelque chose de frappant.

Il s'assit, je le remerciai du service qu'il venait de me rendre, et il me parla de l'obligation qu'il avait contractée envers moi il y avait bien des années; puis, je lui demandai ce qui lui était arrivé depuis que je ne l'avais vu. Alors il me conta son histoire en ces termes :

« Vous m'avez trouvé à la tête d'une bande de braves gens dans les montagnes de la Suisse, où je continuai de me livrer à ma profession de brigand. Mais je l'exerçai avec humanité; nous prenions l'argent et les bijoux des voyageurs qui se trouvaient sur notre chemin, mais nous ne commettions jamais de cruautés inutiles!

« Mon oncle, interrompit Jeanne timidement, est-ce que les voleurs sont de braves gens?

— Non, certes, répondit son oncle. Par l'expression de *braves gens,* on entend généralement des gens bons et honnêtes, et les voleurs de grands chemins, qui volent, pillent et assassinent au besoin, ne sont assurément ni bons ni honnêtes. Ce sont au contraire des scélérats qui méritent la potence. Cependant, si les brigands ne sont pas de *braves gens*, ce sont le plus souvent des hommes braves qui s'exposent journellement à la mort, et quoiqu'ils ne s'y exposent que pour faire le mal, il s'est trouvé des personnes sans morale et sans religion, dont l'imagination s'est égarée jusqu'à en faire des héros; du moins, des héros de romans. »

Des héros de romans! Jeanne ne comprenait guère ce que cela voulait dire. Son oncle s'en aperçut et ajouta : « En un mot, ma petite Jeannette, Léo était un voleur; ses camarades étaient des voleurs comme lui, et, pour s'excuser lui-même, il les appelait des braves gens.

— Ah! c'est cela! dit Jeanne.

— Revenons au récit de Léo, » reprit M. de Mareuil.

« Nos affaires, continua-t-il, allèrent fort bien pendant longtemps; mais enfin il s'éleva tant de plaintes contre nous, que le gouvernement nous fit poursuivre par un corps de mille soldats. Notre bande était composée de cinquante hommes; il n'y avait pas à lutter! Nous prîmes donc soin de nous cacher avec plus de précautions que par le passé, nous retirant le jour dans les cavernes les plus profondes des montagnes, et ne sortant que la nuit, pour nous jeter sur les voyageurs que nous pouvions surprendre au passage. Cependant, malgré toute notre prudence, plusieurs de nos hommes furent pris, d'autres tués, et une récompense de mille ducats fut promise à celui qui pourrait s'emparer de moi. Un des hommes de la troupe, tenté par cet appât, amena des soldats dans la cave où j'étais caché. Je voulais d'abord résister et tâcher de me faire jour par le pistolet et le poignard, à travers ceux qui venaient me prendre; mais c'était une idée folle, la défense devenait impossible; je me rendis donc, et l'on me conduisit à Venise.

» Là, je fus jugé et condamné à mort. J'étais enfermé dans une prison, au bord de la mer, et je résolus de faire tous mes efforts pour échapper par la fuite à la sentence prononcée contre moi. Mais toutes mes tentatives avaient été sans succès jusqu'à la veille du jour fixé pour mon exécution. Il était minuit, et je devais, au soleil levant, être emmené et fusillé. J'étais assis dans mon cachot, méditant sur mon triste sort et près de m'abandonner au désespoir, quand, par un dernier effort, je me levai tout d'un coup, et, m'élançant à la fenêtre, je me saisis d'un des barreaux de fer et le secouai avec violence. A ma grande surprise, il se rompit, et

je tombai à la renverse, tenant un des morceaux
de fer dans mes mains. Cette étrange circonstance
me donna du courage; je saisis un autre barreau
et l'ébranlai avec une vigueur presque surnatu-
relle; il finit par céder. L'espace ouvert par l'absence des deux barres de fer était dès lors assez
grand pour que je pusse y passer avec quelque peine.
Je regardai au dehors de l'ouverture, et, quoique
la nuit fût sombre, je pus voir les flots de la mer
battant les murs de la prison. La fenêtre était à
une grande hauteur; n'importe, je n'hésitai pas. Je
sortis par l'ouverture faite entre les barreaux,
puis, lâchant ceux auxquels je me retenais, je me
laissai tombai lourdement dans la mer. Le plongeon
m'étourdit d'abord; mais je revins promptement
sur l'eau, et, comme j'étais excellent nageur, j'allai
jusqu'à une distance considérable aborder à un
quai, où je me jetai dans un bateau qui s'y trouvait, et ramai de toutes mes forces. C'est ainsi que
je parvins à m'échapper.

» Je ne pouvais me hasarder à rester en Italie;
il me fallut donc quitter mon pays. Après plusieurs
aventures qu'il n'est pas nécessaire de vous rap-
porter, je pris passage sur un vaisseau que je trouvai dans le golfe de Venise, et je me rendis en
Egypte. Là, j'entrai, comme mameluck, au service

du pacha. Environ deux ans après, j'y fis connaissance d'un homme appelé Hamet Pacha. C'est le second fils du dernier pacha de Tripoli. Le pacha actuel, dont le nom est Joseph, avait fait périr son père et son frère aîné, pour régner lui-même. C'était Hamet, qui, en qualité de puîné, avait droit au trône; mais Joseph se promettait d'écarter cet obstacle, en ôtant également la vie à ce frère qui le gênait. Hamet apprit quels étaient ses desseins, et, comme il n'était pas le plus fort, il prit la fuite et se sauva en Egypte. Il y fut bien reçu, et l'on a même formé plusieurs plans pour lui faire rendre ses droits et pour renverser l'usurpateur.

» Il y a quelques mois, je vins secrètement à Tripoli, comme agent de Hamet, afin de prendre des informations sur les meilleurs moyens à employer pour favoriser ses projets. Comme j'y étais sous prétexte d'affaires personnelles, je parcourais librement la ville, et personne ne suspectait mes véritables intentions. Lorsque le corsaire arriva et que vous fûtes mis à terre, je me trouvais par hasard sur le quai, et je vous reconnus à l'instant. Je pris aussitôt la ferme résolution de vous sauver, quelles que fussent les difficultés, pourvu que la chose ne fût pas tout à fait impossible. A force de démarches, je m'assurai de l'endroit où vous étiez enfermé, et je pris toutes mes mesures pour vous rendre à la liberté. Enfin, au moyen d'une échelle de cordes, je franchis les murs de la prison, et trois nuits de suite je m'approchai de la petite fenêtre de votre cachot pour voir s'il était possible de vous faire échapper par là; mais je reconnus qu'il n'y avait rien à espérer de ce côté, et je cherchai quelque autre moyen de réussite. Une nuit, je trouvai le geôlier profondément endormi, et, saisissant cette occasion, je m'emparai de ses clefs et vous ouvris les portes. Alors, vous remettant aux soins d'une femme de mon pays, digne de toute confiance, je terminai ce qui tenait à l'objet de ma mission dans la ville, et je revins vous prendre pour vous emmener avec moi; heureux de vous prouver ainsi que je n'ai pas oublié que je vous dois la vie. Nous nous rendons maintenant en Egypte, et si le beau temps continue, nous y serons dans quatre jours. Une fois là, il vous sera facile de trouver un vaisseau qui vous ramènera dans votre patrie. »

Je remerciai chaleureusement mon libérateur, et j'aurais bien voulu que la vérité me permît de louer ses vertus, comme je pouvais admirer et louer ses sentiments de reconnaissance et la persévérance avec

laquelle il avait prodigué tant de soins et d'efforts
pour me délivrer au péril de sa propre vie. Mais
Léo était un de ces hommes auxquels une vie cor-
rompue a fait perdre jusqu'au sens le plus com-
mun de toute morale, et qui conservent seulement
quelques qualités naturelles. Si j'eusse essayé de
lui mettre sous les yeux l'énormité des fautes dont
il s'était rendu coupable, il ne m'aurait même pas
compris. Tant il est facile de s'égarer tout à fait,
quand on a volontairement dévié du chemin de
l'honneur et de la vertu!

Profitant des moments que me laissa notre favorable traversée de Tripoli à Alexandrie, ville d'E-
gypte, fondée par Alexandre le Grand 332 ans
avant Jésus-Christ, je vais vous raconter quelques
faits nécessaires à l'intelligence de mon histoire et
qui pourront vous intéresser.

Je vous ai dit que les peuples de la Barbarie
se livraient à la piraterie et s'emparaient de tous
les vaisseaux qu'ils pouvaient rencontrer. Plusieurs
vaisseaux américains, traversant pour leur commerce la mer Méditerranée, avaient été capturés par
ces corsaires; les gens des équipages avaient été
emmenés, mis en prison et traités avec une excessive cruauté; quelques-uns étaient réduits à l'esclavage et condamnés à des travaux très-pénibles.

Les souffrances de ces malheureux Américains touchaient beaucoup leurs compatriotes, et leur gouvernement envoya dans la Méditerranée quelques vaisseaux de guerre, sous le commandement du commodore Prable, non-seulement pour protéger les navires de commerce qui s'y trouvaient, mais encore pour aider aux négociations entamées afin d'obtenir la liberté des prisonniers américains.

Un de ces bâtiments de guerre appelé le *Philadelphia*, et commandé par le capitaine Bainbriedge, donnant un jour la chasse à un corsaire jusque dans le port de Tripoli, eut le malheur de toucher la terre et ne put se dégager. Incapable de faire un mouvement, le vaisseau devint la proie des Tripolitains. L'équipage fut pris et enfermé dans les prisons; le vaisseau resta au pouvoir des ennemis.

Les Tripolitains eurent bientôt remis à flot le *Philadelphia*, et se proposaient de l'employer à leur propre usage dans la guerre contre les Américains. Il y avait parmi ceux-ci, sous les ordres du commodore Prable, un jeune homme nommé Décatur, qui commandait un petit navire appelé *l'Entreprise*. Décatur était un jeune officier plein d'ardeur et de bravoure. Il exposa au commodore Prable un plan qu'il avait formé et qui consistait à mettre le feu au *Philadelphia*, pour empêcher les Tripolitains d'en faire usage. Le commodore approuva l'entreprise et lui permit de la mettre à exécution.

Décatur attendit la nuit, et, prenant avec lui vingt hommes, les cacha au fond d'un très-petit navire et fit voile vers le *Philadelphia*. Les Tripolitains qui étaient à bord de ce vaisseau virent bien le petit navire qui se dirigeait vers eux; mais supposant qu'il était des leurs et n'appréhendant rien, ils le laissèrent approcher. Tout à coup, Décatur et ses vingt hommes sautèrent sur le pont. Il y avait cinquante Tripolitains sur le *Philadelphia*. Un combat terrible s'engagea. Les Tripolitains surpris se défendirent bravement. Au commencement du combat, Décatur, qui avait sauté l'un des premiers sur le pont, fut désarmé et renversé. Un Tripolitain leva sur lui son sabre, et il allait le frapper, lorsqu'un des hommes de Décatur, s'apercevant de son danger, s'élança entre lui et le Tripolitain, et reçut le coup sur son bras.

Décatur, se relevant, combattit comme un lion. Ses vingt compagnons étaient aussi des braves; les Tripolitains tombèrent devant eux comme l'herbe sous la faulx. Décatur mit le feu au vaisseau, et pas un des cinquante Tripolitains ne put retourner à terre. Les flammes s'élevèrent bientôt éclairant toute la côte. Les habitants de la ville regardaient avec crainte et stupeur, et Décatur regagna son vaisseau en triomphe.

Assurément, c'était là un bel exploit, mais il n'empêchait pas les pauvres prisonniers américains de rester toujours en esclavage, et le pacha de Tripoli était si furieux de l'incendie du *Philadelphia*, qu'il les traitait avec plus de cruauté que jamais. Le récit de leurs maux parvint bientôt en Amérique et devint le sujet d'un intérêt général. Le gouvernement s'en émut, et envoya dans la Méditerranée le général Eaton, pour tâcher d'obtenir la liberté de ses infortunés compatriotes.

Le général Eaton entendit parler de la situation de Hamet, dont je vous ai parlé, et se rendit en Egypte pour le voir. Il lui proposa de l'aider à détrôner son frère, pourvu que Hamet consentît, en prenant sa place, à délivrer tous les Américains et à faire la paix avec l'Amérique. Ces propositions furent joyeusement acceptées, et le général Eaton commença tous ses préparatifs pour mettre le projet à exécution.

Les choses en étaient là, lorsque je rencontrai Léo. Il me dit que le général Eaton était à Alexandrie, et que dans peu de temps il partirait avec une petite armée pour attaquer les Etats du pacha

de Tripoli; en même temps, il me fit la proposition de me joindre à l'expédition et me pressa
beaucoup d'y consentir. Le pacha était un homme
cruel; il avait assassiné son père; Hamet, par droit
de naissance, aurait dû occuper le trône; enfin,
en me joignant à l'expédition du général Eaton, je
ferais une action généreuse, puisque je contri-
buerais à la délivrance de chrétiens comme moi,
qui gémissaient dans les fers des barbares dont
j'avais moi-même connu la rigueur.

Ces considérations avaient un grand poids sur
mon esprit, et n'étaient combattues que par le désir
de revoir mon frère et mon pays; je ne fis pourtant aucune réponse à Léo, me réservant de prendre
le temps de la réflexion.

En peu de jours nous fûmes à Alexandrie, où
mon premier soin fut de visiter la ville ainsi que
les environs, puis de prendre toutes les informations possibles sur le pays, ses antiquités, ses
usages, et de mettre à profit le peu de temps que
je devais y passer.

L'Egypte est divisée en haute et basse Egypte.

Le long de la Méditerranée, le terrain est très-plat, et la campagne ne présente aux yeux que quelques dattiers, des palmiers, des huttes bâties en terre. C'est la basse Egypte, arrosée par le Nil, qui se jette dans la Méditerranée, en se divisant en plusieurs branches, dont les principales se séparent d'une manière triangulaire; ce qui a fait donner au grand territoire compris entre ces deux branches le nom de Delta, d'une lettre de l'alphabet grec qui a la forme d'un triangle. Ce grand fleuve, le plus grand des fleuves de l'ancien monde, prend sa source dans les montagnes dites *de la Lune*, arrose l'Abyssinie, la Nubie, et parcourt toute l'Egypte du midi au nord. Tous les ans, il déborde et inonde presque la moitié de l'Egypte, dont cette inondation fait la richesse; car le fleuve, en se retirant, laisse après lui une vase ou espèce de boue, qui est le meilleur des engrais. La vallée du Nil, ainsi fertilisée par cette bienfaisante inondation, donne par an une ou plus souvent deux récoltes extrêmement abondantes; et cela, sans interruption, depuis plus de trois mille ans, et comme au temps de Moïse et de Joseph, sans diminution, et pourtant sans culture! Il ne pleut jamais en Egypte, et l'on pourrait croire que ses terres devraient être desséchées; mais voyez, mes enfants, comme le bon Dieu sait bien diversifier les moyens de nous prodiguer ses bienfaits! Ce qu'il y a de plus merveilleux, c'est que l'élévation du fleuve, d'où dépend absolument la fécondité du pays, est occasionnée par des pluies qui tombent dans une contrée éloignée de sept cents lieues; et cependant elle arrive toujours exactement à la même époque, et les eaux atteignent généralement la même hauteur.

La basse Egypte contient plusieurs grandes villes. D'abord Alexandrie, qui, comme je crois vous l'avoir dit, a été fondée, il y a plus de deux mille ans, par le célèbre conquérant Alexandre le Grand. On voit aux environs de la ville actuelle d'Alexandrie, beaucoup moins grande que l'ancienne, une quantité de ruines provenant de celle-ci. L'espace de deux lieues à la ronde ne présente que fragments des anciens édifices. On voit des monceaux de piliers, de colonnes et d'obélisques, s'élever aussi haut que des maisons. Beaucoup sont admirablement sculptés. Un obélisque taillé dans une seule pierre, et long de soixante-dix pieds, couvert de figures et de caractères sculptés, appelés hiéro-glyphes, avait le nom d'*aiguille de Cléopâtre*, qui lui venait d'une reine d'Egypte aussi fameuse pour ses désordres que pour sa beauté. Les hiéroglyphes

formaient l'ancien langage de l'Egypte et représentaient non les sons, mais les choses. Deux
mille ans se sont passés sans que ni les anciens ni
les modernes pussent comprendre ces caractères;
mais, de nos jours, un savant français, M. Cham-
pollion, est presque parvenu à les déchiffrer tous,
et l'on peut attendre de cette découverte de grands
avantages pour l'histoire et pour les sciences.

Près d'Alexandrie sont des lieux de sépulture,
appelés catacombes, où l'on trouve encore maintenant les corps de personnes qui ont été ensevelies
il y a trois mille ans, et qu'on appelle des momies.
Ces corps, ayant été embaumés et entourés de
bandelettes, conservent parfaitement leurs formes
premières. Vous pouvez avoir vu au Musée égyptien
des bras et des mains, des jambes et des pieds,
ayant appartenu à des momies, et dont la couleur de pain d'épice est la seule circonstance qui
les fasse différer des membres d'êtres vivants.

Le Caire, autre ville de la basse Egypte bâtie
sur la rive droite et à quelque distance du Nil, et
capitale de tout le pays, est une grande ville qui
contient environ trois cent mille habitants. Les
rues en étaient étroites et tortueuses; mais le pacha
Méhémet-Ali, dont je vous dirai plus tard quelques
mots, l'a beaucoup embellie. On y voit plusieurs

palais, de grandes maisons, de belles places, de jolies mosquées au nombre de plus de quatre cents, des bains et des citernes en quantité, etc., etc., des cimetières remarquables. Le Caire a été pris en 1798, par l'empereur Napoléon Ier, alors général français, qui conquit une partie de l'E-gypte; les Anglais s'en sont ensuite emparés, et elle a été enfin rendue à la Turquie en 1803. Les rues du Caire, non pavées, sont encombrées d'hommes, de chevaux, de chameaux, d'ânes et de chiens, et ce mouvement continuel élève dans les rues des nuages de poussière. Il y fait si chaud qu'on ne peut se servir de cire pour cacheter les lettres, car les bâtons de cire fondent dans les armoires.

La basse Egypte est au nord de la haute Egypte. Au milieu d'une vaste plaine de sable qui en fait partie, du côté occidental du Nil, se trouvent quelques monuments que l'on met au nombre des plus remarquables du monde; ce sont les Pyramides. Vous avez certainement entendu parler, mes enfants, de ces monuments gigantesques, construits plus de deux mille ans avant Jésus-Christ et qui subsistent encore. On croit qu'ils étaient destinés à la sépulture des rois et des animaux sacrés; mais comment comprendre ces immenses travaux pour un usage si peu proportionné à l'objet même? Que de soins pour conserver notre poussière, que Dieu saura pourtant bien retrouver n'importe où elle se trouvera, pour nous ressusciter au dernier jour!

Ce qu'il a fallu de travaux et de dépenses pour ériger ces pyramides est au dessus de toute compréhension; il y a péri sans doute une innombrable quantité d'hommes; et l'on pense que les malheureux Israëlites y étaient employés pendant leur captivité en Egypte.

Les pyramides de Gizeh, les plus célèbres et les plus hautes entre ces immenses monuments, ne sont pas à plus de treize kilomètres du Caire; mais quand les eaux du Nil sont à leur plus grande hauteur, il faut faire un détour qui double la distance. On dit pourtant que la route est très-agréable, tantôt à travers des bois de dattiers et de palmiers, tantôt sur une route stérile et sablonneuse. Ces prodigieuses pyramides s'élèvent sur une étendue de rochers de cent cinquante pieds de hauteur, ce qui fait qu'elles sont vues à une distance considérable. La plus grande a deux cent cinquante-trois mètres de largeur à la base, et cent cinquante mètres d'élévation. Toutes sont carrées, et se terminent en pointe ou par une plate-forme, qui, d'en bas, paraît petite, mais, de près, a encore une considérable largeur. On dit de la grande pyramide de Chéops, que cent mille hommes ont été employés pendant vingt ans à construire ce sépulcre vide.

Plus au midi, dans la basse Égypte, et vers la Nubie, le Nil coule à travers une étroite vallée, entre deux chaînes de montagnes. Il y a dans cette vallée, de merveilleuses ruines de l'antiquité. Les plus remarquables sont celles de Thèbes, de la Thèbes aux cent portes. Cette ville doit avoir été infiniment plus magnifique qu'aucune autre ville existant maintenant sur la terre. Les ruines en sont éparses des deux côtés du Nil et couvrent une surface de près de près de dix lieues d'étendue. Là sont les restes du palais de Karnak, le plus grandiose des monuments de Thèbes ; des fragments de sculptures qui paraissent aussi frais que s'ils fussent sortis hier des mains du sculpteur. La terre est couverte de colonnes d'une immense hauteur, de statues, de rangées d'obélisques, de sphinx, et d'autres œuvres d'art, qui remplissent l'esprit d'étonnement et d'admiration. Il est impossible de se former une idée de la magnificence de ces ruines. C'est de ses environs, de Louqsor, qu'a été transporté jusqu'à Paris, à grande peine et à grands

frais, le magnifique obélisque qu'on voit au milieu
de la place de la Concorde.

Thèbes aux cent portes est d'une prodigieuse
antiquité; car des auteurs qui écrivaient il y a plus
de deux mille ans en parlent comme nous en
parlons aujourd'hui. Encore plus au midi, on
trouve d'autres ruines très-remarquables et remontant à la plus haute antiquité. Il est évident
que dans les siècles les plus reculés, l'Egypte était
très-peuplée, possédait de grandes et belles villes,
cultivait les sciences et connaissait des arts qui
sont perdus maintenant. Je ne finirais jamais si
j'entreprenais de vous détailler dans nos entretiens tout ce qu'il y avait de curieux dans sa religion, ses lois, ses usages et son gouvernement.
Vous trouverez tous ces récits dans des livres qui
vous intéresseront beaucoup, quand vous serez à
même de vous occuper plus sérieusement de l'étude
de ce pays.

« Je sais, dit Louise, que les Egyptiens ado-
raient le soleil, la lune, un bœuf, le chien, le
chat, les légumes; cela n'est pas trop sage pour
de si grands savants.

— Et j'ai entendu dire, continua Paul, que les
rois, en Egypte, étaient jugés après leur mort,
et que s'ils n'avaient pas été bons, on leur refusait

les honneurs de la sépulture. Cela pouvait peut-être les retenir quand ils voulaient faire une mauvaise action; mais les rois, surtout chez les chrétiens, doivent penser au jugement de Dieu, qui est bien plus terrible!

— Et bien plus justement inexorable, ajouta M. de Mareuil; mais, hélas! ils l'oublient trop souvent, aussi bien que les autres hommes.

L'Egypte est assujettie au sultan de Turquie, et gouvernée en son nom par un pacha; mais ce pacha jouit, en réalité, d'un pouvoir absolu; aussi porte-t-il le titre de vice-roi. Le pacha qui gouvernait l'Egypte lorsque j'arrivai à Alexandrie, était Méhémet-Ali, qui a fait beaucoup pour ce pays en y introduisant la civilisation et le commerce. Son second successeur, le vice-roi actuel, fait plus encore. Appelant à son aide les arts, les sciences et l'industrie de l'Europe, traitant les étrangers avec distinction, les approchant de sa personne et récompensant leurs services, il se signale encore par sa tolérance religieuse; et les chrétiens, protégés dans ses Etats, exercent leur culte avec la plus complète liberté. Le vice-roi a été le premier à accueillir le projet du percement de l'isthme de Suez, que vous voyez sur la carte, entre le golfe de Suez et la Méditerranée. Jusqu'ici,

cette petite langue de terre, de vingt-quatre lieues
de largeur, interrompait la navigation, de sorte que
pour se rendre aux Indes, les vaisseaux devaient
faire le tour de l'Afrique et doubler le cap de
Bonne-Espérance; il a bien été fait un chemin de
fer qui conduit d'Alexandrie à Suez, et c'est une
route très-fréquentée pour aller aux Indes; mais
bientôt, on peut l'espérer, les vaisseaux passeront
eux-mêmes de la Méditerranée dans la mer Rouge,
ce qui abrégera le trajet de Gibraltar aux Indes, de
neuf mille kilomètres ou deux mille deux cent cinquante lieues. Et c'est à un Français, c'est à
M. Ferdinand de Lesseps, que le monde devra ce
magnifique résultat! Il s'est entièrement consacré
à la colossale entreprise de creuser un canal de
cent mètres de largeur sur huit mètres de pro-
fondeur; il y a, pour cela, soixante-quatorze millions
cent douze mille cent trente mètres cubes à extraire!
il en a déjà été enlevé, au 15 mars 1868, trente-
huit millions cent six mille neuf cent quatre-vingt-
dix-neuf mètres, et chaque mois, les déblais s'é-
lèvent maintenant à douze ou même quinze cent
mille mètres cubes.

Je vis à Alexandrie le général Eaton; j'y trouvai
aussi plusieurs Européens qui se proposaient de
faire partie de l'expédition projetée contre le pacha

de Tripoli, et je me déterminai bientôt à les accompagner.

Comme nous allions avoir un désert à traverser, le général Eaton loua plus de cent chameaux pour porter les bagages. Il y avait peu d'Américains dans cette troupe de volontaires, et le nombre total de la petite armée se composait de quatre cents hommes seulement. Quelques-uns étaient à cheval, mais la plus grande partie d'entre eux étaient à pied. Nous parcourûmes plus de soixante lieues sur un terrain inégal, couvert de petites collines de sable, et pendant toute cette marche, nous ne rencontrâmes pas une seule habitation. Enfin nous eûmes à traverser quelques tribus d'Arabes. Nous étions probablement les premiers Chrétiens qu'ils eussent vus, car nos vêtements et notre tournure parurent les amuser beaucoup et leur sembler très-ridicules, et ils riaient de tout leur cœur.

Je vis chez eux plusieurs autruches qu'ils avaient presque apprivoisées. Les autruches sont les plus grands oiseaux connus. On les trouve seulement en Afrique et dans une petite partie de l'Asie. Elles déposent leurs œufs, qui sont énormes, dans le sable, et la chaleur du soleil est si forte en ce pays, qu'il suffit que la mère couve ses œufs

pendant la nuit pour les faire éclore. Les autruches ne peuvent voler, mais elles courent aussi
vite et plus vite qu'un cheval.

On a dernièrement rendu compte dans les jour-
naux de tentatives faites pour apprivoiser ou domp-
ter les autruches et les monter comme des chevaux.
Le plus difficile serait de les diriger à volonté,
mais on a prétendu que l'on en viendrait à bout.

Les Arabes ont aussi des antilopes, charmant
animal qui ressemble à un daim de petite taille.
Ces jolies et gracieuses créatures sont très-timides
et courent très-vite. Elles sont souvent attrapées
et dévorées par les lions et les panthères, qui se
cachent et sautent tout à coup sur elles comme
le chat sur la souris.

Nous continuâmes notre voyage, non sans rencontrer sans cesse de nouvelles difficultés. Tantôt
le temps était si excessivement chaud, que nous
étions tous accablés et haletants de soif et de
fatigue; tantôt des querelles s'élevaient parmi les
soldats; d'autres fois Hamet Pacha et ses partisans
perdaient courage et nous proposaient de retourner
sur nos pas. Mais le général Eaton ne se laissait
ébranler par aucun obstacle: il ranimait le courage
des soldats, rendait à Hamet la confiance et sur-
montait toutes les difficultés.

Mais enfin les provisions nous manquèrent. Nous étions au milieu d'un vaste désert, entourés de peuplades d'Arabes errants, qui se tenaient à distance pendant le jour, mais qui se rapprochaient de notre camp à la nuit et nous dérobaient nos chevaux. Nos hommes se dispersèrent dans toutes les directions, pour tâcher de découvrir des herbes ou des racines qu'il fût possible de manger.

J'allais, comme les autres, à la découverte, et un jour que je m'étais considérablement éloigné de mes compagnons, j'aperçus entre les collines une petite vallée dans laquelle croissaient quelques buissons. Il y avait aussi un peu d'eau; ce petit coin de terre offrait aux yeux une jolie verdure et semblait délicieux au milieu du désert aride et désolé. C'était ce qu'on appelle une oasis.

Je ne l'eus pas plutôt aperçue que je me hâtai d'y courir, espérant y trouver quelque chose qui pourrait apaiser ma faim. Mais, au moment où j'approchais, quatre hommes s'élancèrent des buissons avec la promptitude d'autant d'animaux de proie, et m'entourèrent en me serrant de près. Je vis que c'était des Arabes, et que pouvais-je faire? j'étais tout à fait sans armes et n'avais aucun moyen de me défendre. Ils se jetèrent sur moi et commencèrent à me dépouiller de mes vêtements avec une surprenante rapidité. L'un prit mon chapeau, un autre mon habit, et, en moins de quelques instants, j'allais me trouver complètement nu, lorsque le hasard amena au même lieu trois de nos hommes à cheval. Ils se dirigèrent à l'instant vers nous, et les Arabes, effrayés, jetant à terre mon chapeau et mon habit, se hâtèrent de fuir et de courir vers leurs chevaux, qui étaient à peu de distance, parmi les buissons. Ils sautèrent dessus d'un seul bond, et, galoppant sur les collines sablonneuses, disparurent en un clin d'œil, comme l'eussent fait des oiseaux dans les airs. La vitesse et la légèreté de ces chevaux des Arabes du désert est quelque chose de vraiment merveilleux.

Malgré toutes nos recherches, nous ne pûmes rien trouver à manger, et nous fûmes obligés de tuer un de nos chameaux, dont nous trouvâmes la chair excellente. Néanmoins nous persévérâmes dans notre entreprise, et, après une marche de deux mois, pendant lesquels nous avions parcouru deux cents lieues, nous arrivâmes dans une contrée assez fertile et nous atteignîmes bientôt la ville de Derne.

Derne est une grande ville, située sur la mer, et centre d'un grand commerce; elle appartient au pacha de Tripoli, et elle est gouvernée par un dey. Le général Eaton se mit en relation avec les capitaines de plusieurs vaisseaux américains, et l'attaque de la ville fut résolue. Les vaisseaux devaient tirer du côté de la mer, et le général, avec ses soldats, devait attaquer du côté de la terre.

Pendant qu'on faisait des préparatifs pour mettre ce plan à exécution, nous fûmes visités par un terrible vent du midi, appelé le Sirocco. Ce vent remplissait l'atmosphère d'un sable fin; tout le ciel semblait cuivré. Les animaux étaient haletants; les feuilles, les fleurs se flétrissaient, les plantes périssaient; c'était vraiment affreux. J'étais desséché par la chaleur, et ma peau me paraissait en feu. Ce vent dura trois jours, au bout desquels le ciel reprit son état naturel. Ce terrible fléau est fréquent dans les déserts de l'Afrique et de l'Asie; il fait souvent périr les hommes et les animaux.

Les préparatifs étant terminés, l'attaque de Derne commença. Les vaisseaux américains envoyèrent leurs volées de coups de canons sur la ville et sur les batteries de l'ennemi, avec un bruit terrible, et notre troupe les secondait du côté de la terre.

La ville était défendue par un grand nombre de soldats tripolitains, et il y eut une sanglante bataille. Le général Eaton fut blessé au poignet, mais, sans y faire attention, il nous dirigeait au plus fort du combat. Nous avions avec nous quelques Grecs qui combattaient vaillamment. Enfin l'ennemi céda et prit la fuite ; nous entrâmes dans la ville.

Joseph Pacha apprit avec effroi cette nouvelle. Il craignait que son frère Hamet ne réussît à le chasser du trône ; il tâcha donc de faire le plus tôt possible sa paix avec les Américains. Il envoya chercher le consul de cette nation, et offrit de relâcher sur-le-champ tous ses prisonniers si le général Eaton voulait retirer sa protection à Hamet Pacha. Le consul y consentit, et le général dut retirer ses troupes de Derne. Aussitôt après, nous partîmes pour Malte, île de la mer Méditerranée, appartenant aux Anglais.

Le pauvre Hamet Pacha, abandonné de ses alliés, ne pouvait plus conserver d'espérance. Il laissa tranquillement régner son cruel frère Joseph, quitta son pays et passa en Amérique.

Immédiatement après l'arrangement conclu entre Joseph Pacha et le consul américain, tous ceux de cette nation qui étaient détenus dans les prisons de Tripoli furent mis en liberté. Parmi eux étaient mes compagnons, faits prisonniers dans la Méditerranée. Je ne savais rien de leur sort; aussi quelle fut ma joie de les revoir tous cinq à Malte! Ils avaient cruellement souffert, mais ils ne pensaient plus qu'au bonheur de revoir leur patrie.

Le sol de l'île de Malte est hérissé de rochers, mais très-fertile en fruits exquis, légumes. et coton; elle appartint autrefois aux Carthaginois qui y avaient leurs principales manufactures, et en tiraient leurs tissus les plus fins. Charles-Quint la céda aux Hospitaliers, qui dès lors furent appelés *Chevaliers de Malte*, et qui rendirent durant trois siècles de grands services à la chrétienté contre les Turcs, et surtout contre les pirates barbaresques. Elle forme maintenant pour les Anglais un entrepôt de commerce considérable.

Je m'occupai alors des moyens de retourner en France, et j'étais sur le point de m'embarquer pour me rendre à Marseille, lorsqu'un grand vaisseau américain, appelé *Kien-Long*, aborda dans l'île de Malte. Il venait de Smyrne, ville de l'Asie Mineure, dans la Méditerranée, où il avait pris de l'opium. L'opium est le jus du pavot séché au soleil, que l'on donne aux gens pour les faire dormir, et quelquefois pour les tuer; pris à certaine doses, c'est un poison violent. Les Chinois le fument et s'enivrent avec, et ils ont pris un si grand goût pour ce genre d'ivresse, que, l'habitude une fois contractée, ils ne peuvent plus

Vue de Malte.

s'en passer. Un fumeur d'opium finit par tomber dans l'imbécilité, et cette imbécilité le conduit à la mort. Le vaisseau Kien-Long était destiné pour la Chine, où il portait son opium, qu'il devait échanger contre du thé, des soiries, et différentes autres marchandises.

J'avais toujours désiré faire le voyage de la Chine, et je n'eus pas le courage de résister à l'occasion qui se présentait. Il ne me fut pas difficile de me procurer à Malte l'argent nécessaire pour payer mon passage, remonter ma garde-robe et faire tous les frais de ce long voyage, puisqu'il ne manquait pas à Malte de banquiers anglais et américains, même de banquiers français à qui je pusse m'adresser. J'arrêtai donc le prix de mon passage, de Malte à Canton, en doublant le cap de Bonne-Espérance; j'écrivis à votre père, non sans verser quelques larmes, et je fis tous mes préparatifs pour ce long et alors assez périlleux voyage. Entraîné par un goût presque irrésistible pour le mouvement et l'inconnu, je renonçai encore une fois au bonheur de revoir ma patrie et ma famille, et j'augmentai ainsi la distance qui m'en séparait déjà.

Je partis donc pour la Chine! Nous traversâmes le détroit de Gibraltar et tournâmes vers la côte septentrionale et occidentale de l'Afrique. Nous eûmes bientôt dépassé les îles Canaries et nous approchâmes du cap Blanc. Il parait que la côte occidentale de l'Afrique, jusqu'à ce cap, est peuplée de tribus sauvages d'Arabes, toujours prêts à piller les infortunés navigateurs qui ont le malheur de faire naufrage près de la côte. Et non contents de les dépouiller de tout ce qu'ils posssèdent, ils les réduisent en esclavage et les accablent de travaux et de mauvais traitements.

Les Arabes sont bons et hospitaliers les uns envers les autres, mais ils sont sans miséricorde envers leurs ennemis. Ils considèrent tous ceux qui ne professent pas la religion de Mahomet comme des êtres méchants et maudits, et faits pour les servir. Il y a une multitude de ces Arabes dans le nord, le milieu et l'est de l'Afrique, et leur principal moyen d'existence consiste à faire le plus de prisonniers possible, pour les voler et les vendre ensuite comme esclaves. Les nègres, qui sont très-nombreux dans l'intérieur de l'Afrique, sont constamment chassés par ces pirates de terre, et des milliers d'entre eux se trouvent arrachés à leurs demeures, séparés de leurs familles, et transportés dans des contrées étrangères. Là, privés de leur liberté, ils sont condamnés à un travail incessant, pour cultiver les propriétés ou servir au luxe et aux jouissances des riches, qui les achètent comme on achète des animaux. Dans une terre d'exil ils vivent et meurent sans savoir ce que sont devenus leurs parents, leurs amis, s'ils sont morts ou vivants, heureux ou malheureux! Et si ces êtres infortunés se marient dans leur état d'esclavage, des maîtres barbares leur arrachent leurs enfants, pour les vendre à leur tour, ou en user selon leur convenance.

Voilà, mes enfants, ce que c'est que l'esclavage, ce monstrueux abus de la force, qui dégrade le maître aussi bien que l'esclave, puisqu'il lui fait perdre tout sentiment de justice et d'humanité, puisqu'il lui fait méconnaître les droits de ses semblables et oublier la loi de Dieu! Mais revenons à mon voyage.

Nous continuâmes de longer la côte d'Afrique, et nous arrivâmes près du cap Vert. Un peu à l'ouest du cap, sont les îles du cap Vert. Elles sont au nombre de seize, mais plusieurs d'entre elles ne sont que des rochers stériles. Saint Jaga, est la principale de ces îles, auxquelles abordent un grand nombre de vaisseaux pour prendre du sel, formé de l'eau de la mer, qui est séchée par l'ardeur du soleil.

Nous passâmes le cap Vert, puis l'embouchure de la Gambie. Voyez, sur la carte, ce grand fleuve qui coule de l'est à l'ouest. On y trouve beaucoup de phoques ou veaux marins, d'hippopotames et

d'énormes crocodiles. Sur ses bords, les singes
se trouvent par milliers.

Il y a bien longtemps, un fameux voyageur
écossais remonta ce fleuve jusqu'à l'intérieur du
pays, pour faire connaissance avec les peuples qui
l'habitaient. Ce voyageur se nommait Mungo-Park.
Avant lui, cette partie de l'Afrique était à peu
près inconnue. Plusieurs autres avaient précédem-
ment entrepris d'explorer la contrée; mais ils avaient
été tués, ou obligés de revenir sans avoir pu y pénétrer. M. Parck le trouva habité par différentes
races de nègres, et il lui arriva de curieuses
aventures. Un jour, il se présenta devant le roi
nègre de Bondou, à qui il donna une ombrelle et
plusieurs autres choses qui plurent beaucoup au
roi; mais il n'était pas tout à fait satisfait, il regardait avec envie et louait beaucoup l'habit bleu
de M. Park, dont les brillants boutons jaunes le
charmaient. Enfin, il pria M. Park de le lui donner,
lui promettant de le porter dans toutes les cérémonies publiques. Alors, M. Park, qui, je suppose, en
avait un autre, ôta son habit et le déposa aux pieds
du roi, dont la joie fut extrême.

Un jour, Mungo-Park, épuisé de fatigue au milieu
d'un désert, se sentit si découragé, qu'il se coucha
par terre, croyant ne plus se relever. Mais en

tournant les yeux vers l'étendue de sable dont il était entouré, il y aperçut une petite fleur. « Ah ! pensa-t-il, si Dieu conserve ici cette petite fleur, comment pourrait-il me laisser périr ? » Ranimé par cette pensée, il se releva par un mouvement énergique, et continuant son chemin, il finit par sortir du désert.

De retour en Angleterre, M. Park publia une relation de son voyage ; mais il voulait voir encore, et, dix ans après, il repartit pour achever d'explorer la contrée, arrosée par la Gambie. Dans cette dernière expédition, il était accompagné d'une cinquantaine d'Européens, dont plusieurs étaient militaires, et se proposaient de l'aider et de le protéger. Il prit à peu près le même chemin que la première fois, mais lui et ses compagnons ne trouvèrent que difficultés et dangers. Ils les combattirent avec un admirable courage et poursuivirent leur route jusqu'à ce que tous fussent morts d'accidents, de fatigue ou de maladie, excepté M. Park et quatre autres. Ceux-ci arrivèrent à Boussa, ville située un peu plus à l'est que Tambouctou. Comme ils descendaient en bateau le fleuve Niger, ils furent attaqués par les indigènes. Ils se défendirent avec la plus grande bravoure et résistèrent pendant trois jours à tous les efforts de leurs ennemis ; mais enfin, accablés par le nombre, ils périrent tous. En Angleterre, on ignorait absolument le sort qui leur avait été réservé, lorsque, vingt ans après, un autre voyageur anglais, le capitaine Clapperton, étant allé jusqu'à la ville de Boussa, y apprit la fin tragique de l'infortuné Mungo-Park et de ses compagnons.

Je veux vous communiquer une remarque faite par Mungo-Park. Après avoir été exposé à toutes sortes de fatigues et de dangers, il a déclaré que, quoique les hommes eussent été bien cruels envers lui, il n'avait jamais trouvé dans les femmes que de la compassion et de la bonté.

Malgré le triste sort de la plupart des voyageurs qui avaient entrepris l'exploration de l'Afrique centrale, il s'en trouva d'autres assez hardis pour s'aventurer dans les mêmes régions et s'exposer aux mêmes dangers. Il y a une trentaine d'années, le major Denham et le capitaine Clapperton, dont je viens de vous parler, traversèrent le désert de Tripoli à Bornou. Ils trouvèrent là un grand lac, appelé Tchad, sur lequel il y avait une multitude d'oiseaux tellement familiers, qu'ils se dérangeaient à peine du chemin, quand ces voyageurs s'approchaient d'eux.

Bornou est un grand et puissant royaume de

nègres, dont les soldats de cavalerie sont couverts, en temps de guerre, de cottes de mailles, formées d'une quantité de petits anneaux. Le capitaine Clapperton poursuivit son voyage jusqu'à Sakatou, et trouva le pays qu'il traversait très-peuplé. Une grande partie de ce pays était très-beau et bien cultivé. Les deux voyageurs retournèrent en Angleterre, et publièrent une relation fort intéressante de ce qu'ils avaient vu.

En 1825, le même capitaine Clapperton entreprit une expédition dans l'Afrique centrale. Il alla directement d'Angleterre à Badagry, où il débarqua. De là il se dirigea vers Boussa, où, comme je vous l'ai dit, il apprit la triste fin de Mungo-Park. Il se rendit ensuite à Sakatou, qu'il avait déjà visité, et c'est dans cette ville qu'il tomba malade et mourut.

Peut-être êtes-vous fatigué de m'entendre parler des voyageurs qui ont exploré l'Afrique centrale; il faut pourtant que je vous entretienne d'un de nos compatriotes, Réné Caillé, qui a pénétré jusqu'à Tambouctou, grande ville habitée par des nègres, et que vous trouverez sur la carte. Cette ville avait été le but auquel voulaient atteindre la plupart des voyageurs dans le centre de l'Afrique, mais aucun avant lui n'y était arrivé. Réné Caillé, fils d'un boulanger, et orphelin dès l'enfance, s'était embarqué à quinze ans pour le Sénégal, sans fortune, sans amis, sans secours. Après dix ans de voyages, de recherches, de souffrances et de fatigues inouïes, il parvint à Tambouctou, et, plus heureux que ses prédécesseurs, il revint en France, après seize ans d'absence. Il reçut de la Société de géographie un prix de dix mille francs et publia la relation de son voyage. Voyez, mes enfants, ce qu'on peut faire sans parents, sans éducation première et sans protection, avec d'heureuses dispositions, un caractère ferme et de la persévérance !

Réné Caillé est mort à l'âge de trente-neuf ans, en 1838, des suites d'une maladie qu'il avait apportée d'Afrique.

Entre le désert de Sahara et la côte de Sierra-Leone, on trouve un pays appelé Sénégambie, qui prend son nom de deux grands fleuves qui l'arrosent, le Sénégal et la Gambie, dont je vous ai déjà parlé. Nous y avons fondé des établissements auxquels on a donné le nom de Sénégal, et qui ont pris, depuis une dizaine d'années, un développement assez considérable. Saint-Louis et Gorée sont les deux villes les plus importantes de cette colonie, dont le climat est malheureusement fort nuisible et souvent mortel pour les Européens. Toute la Sénégambie est d'ailleurs un pays malsain, où les fièvres sévissent d'une manière presque permanente; mais son sol est généralement très-fertile. On y fait un commerce de poudre d'or, de dents d'éléphants, d'ambre, d'ébène, de plumes d'autruche et de peaux de tigre.

A Sierra-Leone, que vous voyez sur la carte, il y a un établissement fondé par les Anglais et destiné à donner refuge aux esclaves nègres qui ont obtenu leur liberté. Plus de dix mille esclaves libérés y ont été envoyés. Il y a une ville assez grande, appelée Freetown, où ces nègres vivent très-bien.

Un peu au sud de Sierra-Leone, est un établissement appelé Liberia, fondé par une Société bienfaisante de l'Amérique. Il est aussi destiné à la résidence d'esclaves émancipés et de blancs libres, mais plus particulièrement à servir d'asile aux nègres des Etats-Unis.

Un peu plus au sud encore, est une partie de l'Afrique appelée la Côte d'ivoire. Il y a, dans l'intérieur, de grands troupeaux d'éléphants. Ces animaux ne sont pas aussi hauts que les éléphants de l'Asie, mais ils ont des dents beaucoup plus grandes. Ces dents, comme vous le savez, sont en ivoire. Les habitants les apportent sur la côte, et les vendent aux Européens, qui viennent sur leur vaisseau pour les y chercher. Ces Européens apportent et donnent, en échange des dents d'éléphants, des fusils, de la poudre et des balles, du rhum et mille bagatelles qui ont beaucoup de prix aux yeux des nègres et de leurs femmes.

Près de la Côte d'ivoire est la Côte d'or. L'or est entraîné des montagnes, en petits grains, par l'eau des rivières. On le lave pour le séparer du sable auquel il est mêlé; puis les nègres l'apportent sur la côte, où ils l'échangent contre les mêmes objets que ceux donnés pour les dents d'éléphants.

Encore plus au midi, est la Guinée, où se trouvent différentes tribus de nègres; et c'est de là principalement que sont tirés les esclaves qui ont été et sont malheureusement encore vendus aux Etats-Unis, aux Indes occidentales et dans le midi de l'Amérique. C'est par centaines de mille que l'on pourrait les compter. L'Angleterre et la France se sont unies pour mettre fin à cet abominable trafic; mais il y a encore des vaisseaux de différentes contrées qui parviennent à tromper la surveillance et à transporter les malheureux habitants de ces côtes, qu'ils ont achetés et arrachés pour toujours à leur pays.

Après vous avoir donné quelques détails sur les pays devant lesquels passait notre vaisseau, je continue la relation de mon voyage : nous avions un temps favorable, et au bout de quelques semaines, nous approchions du cap de Bonne-Espérance. Mais comme nous tournions la pointe méridionale de l'Afrique, nous fûmes assaillis par un violent orage. J'avais souvent été sur mer, et j'avais vu bien des tempêtes, mais jamais un pareil désordre dans les éléments. Des masses d'eau énormes étaient comme soulevées par les vents, et retombaient en blanche écume sur toute l'étendue de la mer.

Nous pliâmes toutes les voiles afin de donner moins de prise à la tempête, et ne laissâmes que les mâts, les cordages et la coque du navire; mais il était poussé par les vents avec tant de force qu'il fendait l'onde comme s'il eût eu des ailes. La mer se brisait sur nous en lames continuelles, et le vaisseau enfonçait tellement que ses agrès trempaient dans l'eau. Plusieurs matelots furent précipités dans la mer et disparurent pour toujours. C'était un spectacle à la fois terrifiant et sublime.

Le capitaine et l'équipage firent tous les efforts imaginables pour tenir tête à l'orage; mais tout à coup une vague énorme souleva le vaisseau et

le précipita sur la côte ; ce fut un moment de grand
péril et d'inexprimables angoisses. Le capitaine ordonna de couper les mâts, ce qui fut fait à l'instant, et le vaisseau, se redressant de nouveau, se
tint bravement sur les flots et recommença son
combat contre les vagues. Un instant avant, nous
avions perdu tout espoir de salut ; maintenant nous
étions ranimés par l'espérance d'échapper à la
mort. En effet, la tempête s'apaisa, les nuages
se dissipèrent, le soleil se montra, et le calme s'é-
tendit sur les eaux. Nous profitâmes de ce moment
pour réparer les avaries de notre navire ; ayant
élevé un mât provisoire, nous dressâmes une
voile, et quand la brise se fit sentir, nous reprîmes
notre course vers la ville du Cap, qui est un établissement des Anglais au cap de Bonne-Espérance.
Au bout de deux jours, nous y étions arrivés,
et l'on se hâta d'y réparer complétement le
vaisseau et de se fournir de tous les objets nécessaires.

La ville du Cap a été bâtie, il y a bien longtemps, par quelques planteurs hollandais. Ils avaient
trouvé le pays habité par une race de nègres d'une
taille haute et élancée, et d'un caractère très-
doux, appelés les Hottentots, qui sont les plus
laids de tous les Africains ; sans plus de cérémonie,

ils s'étaient emparés de leurs terres, avaient refoulé une partie des possesseurs dans le pays et avaient réduit les autres en esclavage. La colonie s'accrut; mais, au bout d'un certain temps, elle tomba au pouvoir des Anglais, qui l'ont toujours conservée depuis.

Le Cap est une assez grande ville, peuplée de vingt mille habitants, et la place la plus forte de l'Afrique. Elle est bien bâtie, les rues sont droites et bien alignées; on y voit de beaux jardins et un superbe hôtel de ville. Elle est habitée en partie par des nègres et des Hottentots, qui étaient encore esclaves il n'y a pas bien longtemps, et très-cruellement traités. Beaucoup de ces esclaves étaient mahométans, et leurs maîtres égoïstes ne voulaient pas les faire instruire dans la religion chrétienne, de peur qu'ils ne connussent mieux leurs droits. Maintenant l'esclavage est aboli dans la colonie du Cap comme dans toutes les autres possessions de l'Angleterre. Du mois de mai au mois d'août, époque de l'hiver pour ces terres australes, il tombe des pluies continuelles. Le vin dit du Cap ou de Constance est fort renommé.

Il y a près de la ville du Cap une montagne très-remarquable appelée Mont de la Table. Elle est parfaitement plate au sommet; l'un de ses côtés

est droit et présente une face presque perpendicu-
laire. Cette montagne, du haut de laquelle on jouit
d'une vue admirable, a quinze cents mètres de
hauteur. Au nord de la colonie du Cap, le pays

Intérieur d'une hutte chez les Hottentots.

est habité par différentes tribus de Hottentots.
Quelques-uns sont sauvages; mais la plus grande
partie sont bons, aimables, et d'un caractère très-
doux.

Il y a dans ces contrées beaucoup de lions et
d'éléphants, et un grand nombre d'autres animaux
sauvages, tels que girafes, zèbres et quaggas, espèce
d'âne sauvage, dont le lion fait souvent sa proie.
On y voit aussi de grandes troupes d'antilopes,
s'élevant quelquefois jusqu'à dix mille de ces individus, et couvrant toute une plaine. Le lion se
tient aux aguets près de ces troupeaux, et, sortant de sa cachette, s'élance quelquefois sur eux.
D'autres fois il met sa gueule sur la terre et
pousse un terrible rugissement. Ce bruit formidable effraie les antilopes, qui fuient dans toutes
les directions, ne sachant de quel côté vient le
son, et plusieurs vont précisément du côté où le
lion est caché, et deviennent ainsi victime de sa
ruse.

Les habitants de ces pays ont fréquemment maille
à partir avec les lions; souvent, quand une caravane de voyageurs s'arrête pour la nuit dans un
désert aride, elle est attaquée par ces dangereux
animaux. Cependant, en général, ils laissent passer
les gens sans les attaquer; mais s'ils sont affamés,
adieu la politesse; ils se jettent sur ceux qu'ils
rencontrent, et n'en laissent que les os.

J'ai entendu raconter qu'un Hollandais nommé
Lucas traversait à cheval le pays des Hottentots

quand il aperçut un lion à peu de distance de lui. Lucas espérait que le lion ne l'attaquerait pas; mais il en fut autrement, et celui-ci, sortant de sa tanière, s'élança comme l'éclair sur l'homme et le cheval. Ce dernier fut terrassé à l'instant, car les dents du lion avaient profondément pénétré dans sa gorge. Profitant de cette diversion, Lucas se dégagea et s'enfuit à toutes jambes. Le lion était si acharné à sa proie, qu'il ne fit pas attention à lui, et Lucas trouva un asile assez près de là. Quelque temps après, il s'aventura jusqu'à revenir près du même endroit. Le lion était parti, mais les chairs du cheval étaient entièrement dévorées, et il ne restait plus du pauvre animal que ses os parfaitement nettoyés. La selle elle-même avait disparu, et Lucas ne la retrouva jamais. Peut-être d'autres animaux que le lion étaient-ils venus partager son butin. »

— Je connais, dit Mme Duplessis, un monsieur qui a voyagé en Algérie; il me racontait, il y a quelque temps, que, passant en voiture sur une grande route, pendant qu'il était en ce pays, il avait aperçu avec effroi un énorme lion sur le bord du chemin. Il témoigna son épouvante au conducteur en lui montrant le monstrueux animal. « N'est-ce que cela? » dit le conducteur; et s'approchant du bord de la route, il donna un grand coup de fouet au lion, qui s'enfuit à l'instant. Il paraît que ce roi des animaux a ses moments de faiblesse et qu'on ne le craint pas toujours dans notre colonie; témoin Gérard, le tueur de lions, qui en a expédié un si grand nombre. »

Malgré cette anecdote, pas un des enfants qui écoutaient n'eût voulu rencontrer le lion sur son chemin, même dans un de ses moments de *faiblesse*. Quant au fameux Gérard, il a plusieurs fois été exposé à perdre la vie dans les combats qu'il a livrés à ces redoutables animaux.

« Sur la côte orientale de l'Afrique, reprit M. de Mareuil, près de la colonie du Cap, est un peuple appelé les Caffres. Ils habitent une contrée très-fertile et passent pour les plus beaux nègres du monde. Ils vivent dans des huttes demi-circulaires couvertes de nattes grossières, qui forment de petits villages. Ils ont de grandes troupes de bestiaux et sont passionnés pour la chasse; ils prennent aussi beaucoup de plaisir à une danse raide et ridicule qui est en grand honneur dans le pays.

Plus au nord encore, le long des côtes occidentales de l'Afrique, il y a d'autres tribus d'Arabes, mais qui sont fort peu connues.

Autrefois, les récits que l'on faisait des peuples

de l'Afrique représentaient les races nègres comme
une portion stupide et dégradée de la famille humaine, créée uniquement pour le service de l'autre.
Mais des voyageurs modernes, plus dignes de
croyance, les représentent sous un jour plus favorable. Denham et Clapperton ont trouvé les nègres
de l'Afrique centrale plus intelligents et plus civilisés qu'on ne l'avait cru jusque-là ; et l'on sait
maintenant que les Caffres et les Hottentots sont
très-supérieurs, à tous égards, au portrait qu'en
avaient fait leurs voisins les Hollandais.

Après un séjour de quelques semaines à la ville
du Cap, notre vaisseau étant parfaitement réparé,
nous pensâmes à continuer notre voyage. Ayant
donc dit adieu à l'Afrique, nous nous dirigeâmes
à l'est vers l'océan Indien. Nous le traversâmes sans
qu'il nous arrivât rien de remarquable, et je vous
ai déjà raconté tout ce qui concerne mes voyages
et mon séjour en Asie.

Me voilà donc à la fin de mes récits sur l'Afrique,
et nos premiers entretiens rouleront sur l'Amérique. »

RÉCITS SUR L'AMÉRIQUE

« Comme vous le savez, mes enfants, ce que nous appelons aujourd'hui l'ancien monde, se compose seulement de l'Europe, l'Asie et l'Afrique, et il ne venait jadis à l'esprit de personne qu'il pût y avoir d'autres terres sur le globe. Cependant, au quinzième siècle, un célèbre navigateur, qui avait profondément étudié la géométrie, l'astronomie, la géographie et la cosmographie, et qui avait parcouru sur mer presque toutes les parties du monde connu, conjectura qu'il devait y avoir des terres à l'occident de l'Europe, ou que du moins on pourrait arriver aux Indes par cette route. Cet homme, doué d'autant de persévérance dans le caractère que de pénétration dans l'esprit, était Christophe Colomb, né dans l'Etat de Gênes, en 1435 ou 1441, et fils d'un ouvrier tisserand. Il s'adressa d'abord au roi de Portugal, puis aux Génois, pour obtenir les moyens de faire des recherches; mais ses proposi-

tions ne furent point écoutées; on le refusa durement, et il fut traité de visionnaire. Il ne se rebuta
pas, et vint faire les mêmes offres à Ferdinand et
à Isabelle, qui régnaient en Espagne. Ici les mêmes
difficultés se présentèrent; on assembla bien un
conseil pour prendre connaissance des propositions
de Colomb; mais on y fit les objections les plus
absurdes et les plus ridicules; on traîna la chose
en longueur, on mit sa patience aux plus rudes
épreuves, et après l'avoir longtemps retenu, en lui
faisant suivre la cour, alors occupée d'une guerre
contre les Maures, on finit par le renvoyer sans
lui avoir donné de réponse définitive.

Trois ans après, en 1490, Colomb renouvela
ses sollicitations pour obtenir une réponse. On
réunit en conseil des hommes spéciaux que l'on
crut les plus propres à discuter la chose; on fit
venir Colomb, on multiplia les arguments pour et
contre; puis, après de nombreuses réunions, ce
comité d'hommes scientifiques finit par décider que
le plan qui était présenté était vain et le résultat
impossible, et qu'il ne convenait pas à la dignité de
grands souverains comme Ferdinand et Isabelle de
s'engager dans une entreprise de ce genre sur de
si faibles indices que ceux qui étaient présentés!

Cependant les deux souverains ne congédièrent

pas définitivement Colomb; ils voulurent lui faire espérer que, plus tard, quand la guerre serait terminée, ils consentiraient à traiter avec lui; mais Colomb, profondément indigné, et fatigué de ses longues sollicitations et des dégoûts qu'on lui avait fait éprouver, ne voulut rien entendre et se hâta de quitter Séville.

En 1492, Isabelle de Castille, étant devant Grenade, que son mari et elle assiégeaient, fit prier Christophe Colomb de venir les rejoindre pour qu'elle pût conférer avec lui, et elle lui envoya une somme d'argent et de beaux vêtements, pour qu'il pût paraître convenablement à sa cour. On reprit les négociations; mais Colomb mettait des conditions à son entreprise; de nouvelles intrigues s'interposèrent entre lui et la reine, et Isabelle finit par déclarer, non sans hésitation, que les prétentions de Colomb étaient inadmissibles. Colomb n'en voulut rien rabattre, et, dans l'amertume de son cœur, il fit seller sa mule et partit, décidé à ne plus revenir.

Cependant, à peine Colomb avait-il tourné le dos à la ville, que ses amis les plus enthousiastes se rendirent chez la reine, et lui parlèrent avec tant d'éloquence et de chaleur de la belle et glorieuse entreprise à laquelle elle renonçait, qu'ils finirent par vaincre sa résistance, et comme Ferdinand refusait froidement son consentement, objectant l'épuisement du trésor royal, Isabelle s'écria : « Eh bien, je le ferai pour mon propre royaume de Castille, et j'engagerai mes pierreries pour me procurer les sommes nécessaires ! »

Un courrier fut dépêché à Colomb pour le rappeler. Colomb était à trois lieues de Grenade et ne voulait pas revenir ; mais quand il sut que le messager était envoyé par la reine elle-même, et porteur de son engagement, il se fia à la parole royale d'Isabelle et retourna snr ses pas.

Le contrat entre les deux souverains et Colomb fut signé au mois d'avril 1492. Colomb fut nommé amiral ; la reine Isabelle se chargeait de tous les frais de l'expédition, à la réserve d'un huitième de la dépense, qui resta à la charge de Colomb. Celui-ci partit du port de Palos, au mois d'août suivant, à la tête de trois vaisseaux.

Je vous ai raconté un peu longuement peut-être les circonstances qui ont précédé le départ de Christophe Colomb, mais il me semble qu'elles ont dû vous intéresser, et j'ai voulu vous montrer les difficultés qui s'opposent presque toujours aux plus grandes entreprises, et ce qu'il faut de persévérance et de fermeté dans le caractère pour parvenir à les surmonter. Non-seulement Colomb possédait ces deux qualités, mais il avait la conviction intime de la justesse de ses observations et du succès de son voyage ; et par dessus tout, il avait en la protection de Dieu une entière confiance ; car il était sincèrement religieux, et ce fut à ses profonds sentiments de piété qu'il dut de pouvoir supporter les cruelles épreuves qui abreuvèrent d'amertume les dernières années de sa vie.

Vous savez, mes enfants, que l'on traverse très-souvent le grand océan Atlantique pour se rendre d'Europe en Amérique et d'Amérique en Europe ; il y a de grands vaisseaux à voiles et des bateaux à vapeur admirablement aménagés pour la commodité des voyageurs, qui font sans cesse le voyage en très-peu de temps et avec beaucoup de sûreté. A l'époque de Christophe Colomb, il n'en était pas ainsi ; les vaisseaux étaient petits et faibles, et il était souvent dangereux de s'y embarquer pour un long voyage. Mais Colomb ne connaissait pas la crainte, et il avait déjà mille fois bravé les périls de la mer ; ce fut donc avec une grande joie et le cœur plein d'espérance qu'il mit à la voile pour la noble entreprise qui devait nous ouvrir le Nouveau-Monde et lui acquérir tant de gloire.

Il serait trop long de détailler tout ce que Colomb eut à souffrir dans ce voyage de découverte, de la contrariété des éléments, des murmures et même de la révolte de ses équipages. Un jour, il s'éleva une violente tempête; le vent soufflait terriblement, la mer en furie soulevait les vaisseaux pour les replonger dans les eaux avec force, et les flots, couvrant le pont des navires, faisaient craindre à chaque instant aux matelots d'être entraînés et noyés. Dans cette position critique, ils se révoltèrent tout à fait contre Colomb, qui avait toujours réussi jusque-là par la puissance de sa parole et de sa conviction à apaiser leur murmures, mais qui, cette fois, ne put parvenir à les calmer. Ils criaient, menaçaient, et finirent par jurer de le tuer s'il ne consentait à retourner en Espagne. Colomb resta néanmoins impassible et refusa absolument de faire ce qu'ils demandaient Pendant ce temps, la tempête s'apaisa, et encore une fois Colomb reprit son ascendant sur ses équipages. Il apercevait les indices qui lui annonçaient les approches de la terre; c'était des oiseaux de différentes espèces, et des plantes marines qui ne se trouvent que près des côtes. Enfin, au bout de soixante et dix jours de voyage, un matelot qui était en haut du mât d'un des vaisseaux, vit la terre à la surface de l'eau, et s'écria : « Terre!

terre ! » Colomb tomba à genoux, fondant en larmes et rendant grâces à Dieu ; l'Amérique était découverte !

Bientôt après, les vaisseaux approchèrent de la côte, et Colomb et ses gens furent bien surpris de voir venir à eux des hommes presque nus et d'une couleur rougeâtre, différents de tous ceux qu'ils avaient vus jusque-là ; c'étaient des Indiens. Ces hommes furent bien plus surpris encore à la vue de Colomb et de ses vaisseaux ; jamais ils n'avaient eu l'idée de choses semblables, et des hommes blancs leur paraissaient des êtres d'une nature toute supérieure à la leur ; aussi furent-ils bien près de les prendre pour des dieux. Hélas ! les pauvres Indiens devaient bientôt apprendre à leurs dépens que c'était bien à des hommes qu'ils avaient affaire ! Pour le moment, ces gens qui étaient d'un naturel fort doux, virent avec plaisir Christophe Colomb et sa suite, et les accueillirent avec une grande bienveillance.

L'endroit où Colomb aborda pour la première fois, était une île des Indes occidentales qu'il appela Saint-Sauveur. Il y trouva beaucoup de genres de fruits qu'il ne connaissait pas ; mais il ne poussa pas alors plus loin sa découverte, et après être resté quelques jours dans cette île, il se rembarqua pour l'Europe, et, après une absence de sept mois, il débarqua à Palos, en Espagne, d'où il était parti.

Ce fut un beau jour pour Christophe Colomb et pour la reine Isabelle, que celui où le célèbre navigateur, reçu en grande cérémonie à Barcelone, déposa aux pieds de l'aimable et glorieuse souveraine, les productions du Nouveau-Monde, et lui fit une relation détaillée de son merveilleux voyage!

Dans une autre expédition, Colomb découvrit Cuba et Saint-Domingue, qu'il appela Hispaniola, en souvenir de l'Espagne. Ces grandes découvertes et les récits de Colomb firent naître en beaucoup de gens le désir de voir les nouvelles contrées et d'en découvrir d'autres à leur tour; beaucoup d'aventuriers s'embarquèrent pour l'Amérique; et comme la plupart étaient des hommes avides et méchants, ils tuèrent et massacrèrent les pauvres Indiens, détruisirent leurs demeures, emportèrent leur or et leur argent, et s'emparèrent de leurs terres. C'est ce qui arriva particulièrement pour le Mexique et pour l'Amérique méridionale, qui furent conquis par les Espagnols et furent assujettis au roi d'Espagne. Un peu plus tard, je vous conterai quelques histoires relatives à ces contrées, dont les plus remarquables sont le Mexique et le Pérou.

J'ai commencé mes voyages par l'Amérique, et c'est à Boston que je suis arrivé pour la première fois. Boston est une grande ville, très-peuplée, où l'on voit, comme chez nous, des cavaliers, des équipages, des gens qui se promènent et beaucoup d'autres qui sont très-affairés.

Je fis promptement la connaissance d'un homme âgé, nommé M. Johnson, qui m'avait accueilli avec bonté et s'était montré bien empressé de me rendre service. Comme je ne voulais pas voyager sans fruit et que j'avais un grand désir de m'instruire de ce que j'ignorais, je priai M. Johson de me donner quelques détails sur le passé du pays que je voyais pour la première fois, et, avec beaucoup de complaisance, il me parla ainsi :

« Quand j'étais petit garçon, Boston n'était pas moitié si grand que vous le voyez maintenant, et, en remontant plus haut encore, Boston même n'était pas, et la place que cette ville occupe était couverte de bois, dans lesquels vivaient des Indiens. Ces Indiens étaient presque nus, excepté en hiver; leur peau n'était pas blanche comme la nôtre, mais rougeâtre, de la couleur à peu près du cuivre rouge. Quand j'étais enfant, il y avait encore beaucoup d'Indiens qui vivaient à peu de distance de Boston. Ils demeuraient dans de petites huttes

ou maisons faites de branches d'arbres et appelées wigwams.

» Les Indiens étaient très-ignorants; ils ne savaient ni lire ni écrire, et leurs wigwams étaient
très-petits et très-incommodes. Il ne s'y trouvait
ni âtres ni cheminées. Les Indiens n'avaient ni
chaises ni tables; ils n'avaient point de livres, ils
n'avaient pas d'écoles ; ils n'avaient même pas
d'églises. En hiver, ils portaient quelquefois, pour
se garantir du froid, les peaux des ours et des
cerfs qu'ils avaient tués à la chasse.

» Maintenant, il n'y a plus d'Indiens près de
Boston; ils sont tous morts, ou bien loin, à l'ouest,
sur les montagnes. Mais, comme je viens de vous
le dire, quand j'étais enfant, il y en avait beaucoup dans la Nouvelle-Angleterre, et ils venaient
souvent à Boston pour vendre les peaux des bêtes
sauvages qu'ils avaient tuées dans les bois.

» Lorsque j'avais à peu près douze ans, un
Indien nommé Wampum vint chez mon père à
Boston. C'était un ancien chef, un grand personnage, mais il était devenu pauvre. Il était généralement considéré comme un excellent homme, et
il aimait beaucoup mon père, qui lui avait sauvé
la vie un jour que Wampum était attaqué par
quelques matelots dans les rues de Boston.

» Il pria mon père de permettre que j'allasse avec lui dans ses contrées, et me parla de l'amusement que j'y aurais à chasser les cerfs et les écureuils; en sorte que joignant mes prières aux siennes, mon père finit par consentir à me laisser aller.

» Wampum demeurait près de Northampton, au pied d'une montagne appelée le mont Holyoke, sur les bords de la rivière Connecticut. C'est à vingt-cinq kilomètres environ de Boston. Il y a maintenant une belle route de Boston à Northampton; mais alors la route était très-mauvaise, et il n'y avait encore ni voitures publiques ni chemins de fer en Amérique. Nous allâmes donc à pied, Wampum et moi. Le second jour nous arrivâmes à Worcester; c'était alors une très-petite ville, où il n'y avait pas de belles maisons comme à présent. Le quatrième jour nous arrivâmes à la maison de Wampum, qui était un très-petit wigwam, où nous trouvâmes sa femme et ses trois enfants, deux garçons et une fille, qui vinrent à notre rencontre témoignant une grande joie de nous voir.

» J'avais très-faim et j'étais très-fatigué. La femme de Wampum fit rôtir un morceau de chair d'ours et nous donna du pain fait avec du grain pilé, pour notre souper. Nous nous assîmes sur la terre, et nous prîmes la viande avec nos doigts, car les Indiens n'avaient ni fourchettes ni couteaux. J'allai ensuite me coucher sur des peaux d'ours, et je dormis parfaitement. Le lendemain matin, de de très-bonne heure, Wampum m'éveilla et me dit que lui et ses fils allaient à la chasse, et me demanda si je voulais venir avec eux. Je ne demandais pas mieux, je fus bientôt prêt, et nous partîmes.

» C'était par une belle et brillante matinée d'octobre, le soleil se levait sur le sommet du mont Tom et du mont Holyoke, deux montagnes près de Northampton. Nous montâmes Holyoke à travers les bois, et nous arrivâmes à un rocher très-élevé, d'où nous pûmes voir une délicieuse vallée bien au-dessus de nous, au centre de laquelle était Northampton, alors beaucoup plus petite qu'elle ne l'est aujourd'hui.

» Vous voyez ces maisons? me dit Wampum : quand mon grand-père était enfant, il n'y en avait pas là une seule, et cette vallée, qui est maintenant aux hommes blancs, appartenait aux Peaux-rouges. Alors les hommes rouges étaient riches et heureux, et maintenant ils sont pauvres et misérables. Alors la belle rivière que vous voyez couler dans la vallée, et qu'on appelle le Connecticut, était à eux ;

ces belles montagnes aussi ; ils chassaient dans ces bois et pêchaient dans cette rivière ; ils étaient nombreux et puissants ; maintenant ils sont faibles et en petit nombre.

— Mais comment cela est-il arrivé ? lui dis-je ; qui vous a pris vos terres et vous a rendus misérables ?

— Je vous le dirai ce soir, répondit Wampum, quand nous reviendrons de la chasse. Mais écoutez ! j'entends le babil d'un écureuil ; il faut le trouver. Silence ! et suivez-moi. »

En effet, nous le suivîmes tous, et nous découvrîmes bientôt un bel écureuil gris sur les dernières branches d'un arbre, assis tout droit sur ses pattes de derrière, sa large queue relevé sur son dos ; il tenait une noix dans ses deux pattes de devant. Wampum fit signe à son plus jeune fils de prendre son arc et de tirer sa flèche, qui siffla aussitôt en passant au-dessus de l'écureuil, mais ne le toucha pas. Le fils aîné de Wampum tira immédiatement la sienne ; elle entra dans le côté de l'écureuil, qui tomba mort aussitôt.

» Après cette petite capture nous continuâmes d'avancer avec précaution dans le bois. Nous n'avions pas fait beaucoup de chemin lorsque Wampum nous fit signe de nous arrêter. « Regardez là-

bas, me dit-il, sur ce roc élevé au-dessus de
nous ! » Je levai les yeux, mais je ne vis rien.
« Regardez encore, » reprit Wumpum. Cette fois
j'aperçus une jeune biche sur la pointe d'un rocher,
qui s'avançait sur la vallée ; c'était un charmant
petit animal, plein de vivacité, avec de grands yeux
noirs, des jambes fines et le poil d'un brun
rougeâtre. Wampum choisit sa meilleure flèche,
banda son arc, et le trait sifflant dans les airs
alla frapper le jeune faon droit au cœur. La pauvre
petite bête fit un bond en avant, sur le roc, et
tomba morte plusieurs pieds au-dessous. Les fils
de Wampum l'eurent bientôt été chercher, et nous
retournâmes alors à la maison de Wampum, emportant notre chasse avec nous.

» Quand le soir fut venu, je rappelai à Wampum la promesse qu'il m'avait faite, de me dire
comment les Indiens avaient été dépouillés de leurs
terres et réduits à la pauvreté.

» Il s'empressa de satisfaire à mon désir.

———

« Il y a près de deux cents cinquante ans,
me dit-il, on ne connaissait pas ici les hommes

blancs; il n'y avait que des peaux rouges ou Indiens qui possédaient les terres, chassaient, pêchaient, et parcouraient le pays comme il leur plaisait. Les bois étaient pleins de cerfs et d'autre gibier; dans les rivières il y avait beaucoup d'aloses et de saumons.

» Mais des hommes blancs traversèrent la mer dans leurs vaisseaux et vinrent nous trouver. Les Peaux-rouges leur dirent qu'ils étaient les bienvenus; ils débarquèrent tous, et ils furent bien accueillis.

» Les hommes blancs bâtirent des maisons et se fortifièrent ; ils chassèrent dans les bois les hommes rouges qui les avaient si bien reçus et dont ils avaient pris les terres; ils tuèrent leurs enfants, maltraitèrent leurs femmes et brûlèrent leurs wigwams. Les hommes blancs avaient des fusils, les Indiens n'avaient que des arcs et des flèches ; ils tuèrent beaucoup d'hommes blancs, mais les hommes blancs tuèrent encore plus d'hommes rouges.

» Les hommes rouges furent battus et s'enfuirent dans les bois. Leur cœur était brisé de douleurs, et ils moururent. Tous sont morts; ou, bien loin dans les montagnes, un bien petit nombre a pu se réfugier; et nous sommes pauvres et misérables. »

« Le vieil Indien se tut; il était bien triste, et ses deux fils aussi; et moi j'étais prêt à pleurer en les voyant si malheureux. Je ne comprenais pas alors parfaitement cette histoire; mais je pensais que lorsque je serais de retour à Boston, je prierais mon grand-père de me la raconter et de m'expliquer tout ce que je ne comprenais pas.

» Après une semaine passée chez Wampum, celui-ci me dit que lui et son fils aîné devaient aller voir quelques Indiens dans le Vermont, et il m'offrit d'y aller avec lui. Je fus très-content de cette proposition, car j'aimais beaucoup à courir dans les bois et à chasser les daims et les écureuils.

» Nous partîmes donc, et après un voyage de quelques jours, nous aperçûmes le village indien, qui se composait d'une douzaine de wigwams, et de trente ou quarante Indiens, en y comprenant les femmes et les enfants. Il était nuit quand nous arrivâmes, et je fus un peu alarmé de me trouver parmi des hommes d'une race si singulière; eux aussi me regardaient avec méfiance. Cependant j'étais sûr que Wampum me protégerait, et je me rassurai. J'étais très-fatigué en me couchant, et je tombai dans un profond sommeil, d'où je fus tiré, au point du jour, par des cris, des acclamations inarticulées et le bruit de coups de fusil. Je courus à la porte ou plutôt à l'entrée du wigwam, et je vis les Indiens qui couraient à toutes jambes et se sauvaient dans les bois; une douzaine de soldats les poursuivaient en tirant sur eux.

» Les Indiens eurent bientôt disparu, et les soldats mirent le feu aux wigwams, qui furent promptement consumés. Les soldats se disposèrent alors à retourner au fort Dummer, d'où ils étaient venus, et qui était situé à une dizaine de lieues de là, près de Brattlebore. Comme on s'attendait à être poursuivi par les Indiens, on jugea nécessaire de faire le plus de diligence possible, afin de gagner le fort avant la nuit. Les soldats repartirent donc promptement et m'emmenèrent avec eux.

» Comme nous traversions les bois, un soldat me demanda comment il se pouvait faire que je fusse parmi les Indiens. Je lui racontai mon histoire. Il me dit que les Indiens étaient très-méchants, qu'ils avaient tué beaucoup de monde, et qu'ils se joignaient aux Français du Canada, avec lesquels nous étions en guerre.

« Quelque temps après, nous entendîmes un coup de fusil, et une balle siffla au dessus de nos têtes. La forêt était très-épaisse, et nous reconnûmes que les Indiens étaient autour de nous. Les soldats regardaient de tous côtés, mais les rusés Indiens se tenaient cachés derrière les arbres. Bientôt après plusieurs coups de fusils furent entendus à la fois, sortant de l'un des endroits les plus sombres de la forêt, et l'un des soldats fut blessé. Je tournai les yeux de ce côté, et je vis distinctement la tête de Wampum au dessus du taillis. Au même instant un des soldats le vit aussi et fit feu sur lui. Je vis tomber mon protecteur et vieil ami, et je ne pus douter qu'il fût tué. Les Indiens poussèrent à la fois un cri d'horreur, un hurlement si épouvantable qu'il sembla ébranler les arbres eux-mêmes. Les soldats profitèrent de ce moment pour presser le pas, et atteignirent le fort Dummer avant la nuit.

» Si les hommes prenaient moitié autant de peine pour conserver la paix entre eux et se faire mutuellement du bien, qu'ils en prennent pour exciter les guerres et se nuire les uns aux autres, combien de jours d'horreurs et de nuits de crimes et de meurtres ne seraient pas évités! Et que Dieu est bon de nous montrer tant de miséricorde, quand nous en avons si peu pour nos semblables! »

Je vous ai rapporté, mes enfants, toute cette partie de mes entretiens avec M. Johnson, parce que j'ai pensé que vous y trouveriez à la fois de l'instruction et de l'intérêt, puisqu'elle vous donne une idée précise de l'état de ces contrées, dans des temps rapprochés de celui de la découverte de l'Amérique et de la conquête par les Espagnols. Maintenant je vais continuer mon récit.

— Ah! tant mieux, mon oncle, dit Paul. Ce que vous nous avez conté était bien intéressant, mais ces pauvres gens sont si malheureux!

— Moi, dit Jeanne, je n'aime pas les *blancs*, ils sont trop méchants.

— Les blancs et les noirs sont tes frères, ma petite Jeanne, reprit son oncle en l'embrassant; il faut les aimer tous, et les plaindre quand ils font le mal. »

New-York est située sur une île, au nord de la rivière Hudson, et c'est la plus grande ville de l'Amérique; elle contient plus d'un million d'habitants. Il y a à New-York un évêché, une cathédrale et plusieurs églises catholiques, de beaux édifices, parmi lesquels on remarque principalement l'hôtel de ville; de belles et larges rues, une académie des beaux-arts, un musée, etc., etc.

New-York fait un commerce considérable, qui comprend à peu près tous les objets connus, d'importation et d'exportation, et son port est l'un des

plus sûrs du monde entier. Sa population est composée de gens de tous les pays et de toutes les
religions du monde; j'y ai vu beaucoup de Français. J'y ai vu aussi des Turcs et des Chinois. En
parlant de Chinois, je crois avoir oublié de vous dire
quand je vous ai conté mon voyage en Chine, qu'ils
mangent des rats, des souris et des petits chiens.
On vend dans les rues des brochettes de souris;
on m'a cependant assuré que les grands personnages n'en mangent pas; mais ils se régalent
de nids d'hirondelles, qui sont un mets très-cher
et très-friand.

Après avoir quitté New-York, j'allai à Newport,
qui est une jolie ville dans l'Etat de l'île de Rhode.
Là je rencontrai James Jenkins, dont j'avais fait la
connaissance à Boston; ce même Jenkins dont je
vous ai déjà tant parlé. C'était un excellent garçon,
très-jeune, comme je l'étais alors, toujours voya-
geant, toujours courant. Il revenait d'un voyage
dans les Indes occidentales et avait été dans
l'Amérique du Sud; sur son chemin, en allant aux
Indes occidentales, il s'était arrêté à Charleston,
grande ville de la Caroline du Sud, faisant partie
des Etats-Unis, et à près de deux cents lieues
de Boston. Les Indes occidentales se composent
d'un grand nombre d'îles qui se trouvent entre

l'Amérique septentrionale et l'Amérique méridionale.

Jenkins me raconta ce qui lui était arrivé, et je vous en dirai quelques mots.

Il s'était embarqué à Newport, sur le brick *Yankee*, commandé par le capitaine Bassett. Il y avait quelques jours qu'ils étaient en mer, quand ils furent poursuivis par un grand vaisseau français. Les Français étaient alors en guerre avec les Américains, et si le brick eût été pris, les marchandises auraient été perdues, et le capitaine et son équipage emmenés prisonniers en France. Le *Yankee* fit donc de son mieux pour échapper; mais les Français s'efforcèrent de l'atteindre et, quand ils furent à portée, firent feu sur lui. Les boulets de canon traversèrent les airs et passèrent au milieu des voiles du *Yankee*, mais sans lui faire un grand dommage. Une seconde bordée tua deux hommes à côté de Jenkins. Le feu du vaisseau français était incessant, et les boulets tombaient comme la pluie sur le pauvre brick américain. A ce moment critique, le soleil, qui se couchait, disparut dans les eaux, et la nuit suspendit le combat. Le capitaine Bassett profita de cette circonstance pour échapper à son ennemi, et le lendemain matin il était hors de la vue du vaisseau français. Deux jours après, le brick et son équipage arrivaient sains et saufs à Charleston.

Jenkins fut supris de la quantité de nègres qu'il vit dans cette ville; ils étaient en beaucoup plus grand nombre que les blancs. Ces nègres étaient esclaves et travaillaient pour leurs maîtres. Jenkins vit des noirs, hommes, femmes et enfants, vendus sur le marché public comme des animaux ou toute autre marchandise; quelques-uns ont de bons maîtres et sont heureux, relativement parlant; mais ceux qui ont des maîtres durs et cruels, comme il y en a beaucoup, sont les plus misérables créatures du monde.

Après un mois de séjour à Charleston, le brick *Yankee* mit à la voile pour Cuba, la plus grande des îles des Indes occidentales, qui produisent tant de sucre. Vous savez que ce sucre provient d'une plante appelée canne à sucre, qui ressemble à peu près au blé de Turquie ou au roseau. On la broie, on en extrait un jus épais que nous appelons mélasse, et cette mélasse préparée et raffinée devient le beau et bon sucre que vous mangez si volontiers et qui fait de si excellentes friandises. On aime beaucoup en Amérique à sucer la canne à sucre, que l'on coupe par morceaux, et les enfants en ont souvent à la bouche comme vous avez du sucre d'orge. Il est plus fin et plus délicat que celui qu'on extrait en Europe de la betterave.

Il y a aussi beaucoup de nègres à Cuba, et ils aiment passionnément la danse.

Jenkins et deux de ses compagnons de voyage, étant un soir sur le rivage, furent insultés par un soldat espagnol qui était ivre. Une querelle s'ensuivit, dans laquelle le soldat fut tué. Jenkins et ses amis, arrêtés pour ce fait, furent accusés, jugés, et condamnés à travailler pendant deux ans aux mines d'or du Pérou, dans l'Amérique méridionale. Ils y furent transportés et subirent leur peine; rien ne peut donner une idée des maux qu'ils y eurent à souffrir.

Donnez un coup d'œil à la carte de l'Amérique méridionale, vous verrez que le Pérou est au nord-ouest et près de l'océan Pacifique du Sud.

Jenkins et ses amis travaillaient au sein de la terre pour en extraire le minerai, c'est-à-dire le métal à son état brut, et ils étaient souvent traités par les chefs avec la plus cruelle sévérité.

Les deux années de leur peine expirés, ils furent rendus à la liberté, et du Pérou se rendirent au Brésil, en traversant de l'ouest à l'est l'Amérique méridionale. Pendant ce long voyage, Jenkins put prendre connaissance des mœurs du peuple et du pays qu'il parcourut. Il y avait alors et il y a encore beaucoup d'Indiens natifs dans le sud de l'Amérique; ils sont bien plus civilisés que dans le nord, mais cependant encore fort ignorants et inférieurs aux Européens.

Ce qu'il y a de plus frappant dans l'Amérique du Sud, ce qui excite le plus l'étonnement, ce sont les Andes, chaîne de montagnes qui la parcourt du nord au sud. On les compte parmi les plus hautes montagnes du monde; et le pic lé plus élevé qui s'y trouve, appelé le Chimborazo, a cinq kilomètres de hauteur. Plusieurs de ces monts sont couverts de neige; d'autres sont des volcans, et lancent de leurs sommets de la fumée, des flammes et des pierres fondues.

Il y a dans l'Amérique du Sud un énorme serpent appelé anaconda, dont la rencontre est des plus dangereuses. Un homme passant un jour à cheval près de l'endroit où l'un de ces animaux était roulé sur le chemin, le serpent l'aperçut, s'élança sur lui, et en un instant l'homme et le cheval furent si étroitement et si fortement enlacés dans les nombreux replis du terrible animal, que tous deux furent étouffés.

Il y a d'ailleurs en Amérique beaucoup d'insectes et de reptiles très-dangereux, dont l'attaque est souvent mortelle; cependant on s'en effraye peu, et l'on vit au milieu de tous ces dangers à peu près aussi tranquillement que dans nos contrées.

Il y a beaucoup de diamants dans le midi de l'Amérique. Les grandes pluies les entraînent des montagnes, et on les trouve parmi les sables dans les vallées. Les esclaves sont employés à laver le sable pour les en tirer.

Après un long et pénible voyage, fait entièrement à pied, Jenkins et ses amis arrivèrent à Rio-de-Janeiro, grande et belle ville, capitale du Brésil.

Le Brésil est une immense contrée, arrosée par une infinité de fleuves, dont les principaux sont la rivière des Amazones, le Tocantins, le San-Francisco, le Paraguay et l'Uruguay. Le sol est admirablement fertile, et abonde en richesses minérales, telles que l'or, l'argent, les diamants, et autres pierres précieuses. D'innombrables troupeaux de bœufs et de chevaux, dont la race a été apportée par les Européens, errent en liberté dans les pâturages. La végétation y est magnifique, et de grandes forêts vierges y couvrent encore une partie du pays.

Vous ne savez peut-être pas, mes enfants, ce que c'est qu'une forêt vierge? C'est une forêt où les

hommes et la hache n'ont pas encore pénétré, et
qui est restée telle que la nature l'a faite. Elle est

Forêt vierge de l'Amérique du sud.

composée d'arbres d'une hauteur et d'une grosseur
dont vous ne pourriez vous former une idée. Les

racines de ces arbres sont devenues monstrueuses et sortent souvent de terre de manière à rendre tout passage impraticable. Des lianes, plantes flexibles de l'Amérique, mais très-grosses et très-fortes, qui ont poussé avec profusion, se sont enlacées dans les branches des arbres et les ont pour ainsi dire liées les unes aux autres, bien plus solidement que n'auraient pu le faire tous les ouvrages des hommes, et elles interceptent ainsi tout à fait le passage. De temps à autre, et même assez fréquemment, un bruit formidable se fait entendre dans ces forêts; c'est un de ces arbres gigantesques qui se brise parce qu'il est trop vieux pour se soutenir davantage, ou c'est le craquement des branches énormes qu'il arrache dans sa chute et qui se détachent avec fracas de leur tronc. Mais ni l'arbre ni les branches ne tombent jusqu'à terre, parce qu'ils sont retenues par les lianes qui les enserrent. Ils restent penchés et reposent sur d'autres arbres, plus vigoureux parce qu'ils sont plus jeunes, et formant de nouveaux obstacles au passage, ils ajoutent ainsi à l'inextricable confusion. Mais cette confusion même est pleine de grandeur et de majesté; ces forêts vierges sont admirables; et les milliers d'oiseaux à l'éclatant plumage dont elles sont peuplées, y brillent comme des pierreries de toutes couleurs, lorsque les rayons du soleil pénétrent par intervalle à travers le feuillage épais des arbres séculaires.

Le Brésil est maintenant tout à fait civilisé, et gouverné par un jeune empereur de la famille de Portugal, toujours occupé, avec autant de sollicitude que de sagesse et d'intelligence, du bonheur et de la prospérité de ses sujets, dont il est adoré.

On professe au Brésil la religion catholique.

De Rio-de-Janéiro, Jenkins s'embarqua pour les Etats-Unis, où il arriva sans autres événements.

Heureux de l'avoir rencontré, je retournai avec lui à Boston. A peine voguions-nous depuis quelques heures, lorsqu'il commença à neiger très-fort, et le vent s'éleva bientôt insensiblement jusqu'à une grande violence. Ce vent était sud-est et nous poussait vers la côte. De peur d'être brisés sur les rochers, nous nous avançâmes en pleine mer; mais les vents furieux, s'engouffraient dans nos voiles; il fallut les plier et abandonner le vaisseau à lui-même. Cette situation dura plusieurs heures; l'orage croissait à chaque instant. Je n'oublierai jamais l'aspect de la mer dans cette circonstance : elle paraissait aussi noire que de l'encre, mais le dos des vagues était tout à fait blanchi par l'écume qui le couvrait. Ces vagues s'élevaient à une hauteur prodigieuse et semblaient agitées d'une incroyable furie; quelquefois plusieurs d'entre elles roulaient ensemble et formaient un tourbillon d'éclaboussures qui s'élançaient dans les airs; ensuite elles s'enfonçaient dans les profondeurs de la mer et creusaient un gouffre au milieu des eaux.

Notre petite goëlette dansait sur l'Océan comme la plume légère. Tantôt elle montait tout à coup sur le dos d'une vague, tantôt elle s'enfonçait avec une autre; quelquefois elle était violemment poussée d'un côté et paraissait s'abîmer avec la lame, d'autres fois elle semblait gémir et trembler sous la pression de deux vagues qui la serraient à la fois.

Le jour tomba, et jamais l'approche de la nuit ne m'inspira plus de terreur. La tempête continuait avec la même violence, et nous étions entièrement à sa merci. Nous savions que la côte ne pouvait être éloignée, et nous nous attendions sans cesse à nous y briser. Ce fut une cruelle nuit! Enfin l'aurore parut, mais ce fut seulement pour nous mieux faire voir notre danger. Tout près de nous était la côte, hérissée de rocs escarpés, et le vent furieux nous y poussait invinciblement.

Nous crûmes notre dernier moment arrivé; plusieurs d'entre nous se jetèrent à genoux, d'autres poussaient de grands cris; il y en eut qui, égarés par le désespoir, se précipitèrent dans les ondes, où ils trouvèrent une prompte mort. Quant à moi, je pensai à mon frère, à ma patrie, puis recommandant mon âme à Dieu, je m'abandonnai à sa miséricorde.

Nous sentîmes bientôt que la câle du vaisseau touchait la pointe du rocher; quel moment! je crus le voir réduit en pièces, et moi-même englouti dans les eaux! Mais une énorme vague enleva le petit esquif, l'entraîna avec une force surprenante, et le jeta bien haut sur une roche un peu aplatie à sa surface. Quelle fut notre joie lorsque nous vîmes que de cette position nous pouvions facilement nous élancer sur une falaise avancée et échapper à la mort. Nous le fîmes à l'instant, et ce fut notre salut; nous étions sur la côte du New-Hampshire, à vingt-cinq lieues de Boston, où je me rendis à pied. Boston n'était pas ma patrie, mais avec quel plaisir je repris possession du petit appartement que j'y occupais d'ordinaire!

— Ah! mon oncle, dit Paul, quelle terrible chose que la mer!

C'est vrai, répondit M. de Mareuil, et pourtant

je me suis encore exposé bien des fois depuis à ses hazards et à ses périls. La passion des voyages semble s'augmenter par les émotions mêmes qui devraient en guérir.

Le Mexique est un vaste pays qui occupe la partie méridionale de l'Amérique du Nord, et dont la capitale est et a toujours été Mexico, grande et belle ville située dans une magnifique vallée.

L'histoire du Mexique renferme trois périodes remarquables : — 1° Le temps qui s'était écoulé avant la conquête qui le fit tomber aux mains des Espagnols. Le Mexique était alors arrivé à un degré de civilisation très-remarquable : on y connaissait l'architecture, la peinture, la sculpture, l'astronomie ; on y faisait des routes et des canaux, et les Mexicains avaient une écriture hiéroglyphique. Ce qui reste encore des antiquités mexicaines est très-curieux et annonce un passé dont nous ne pouvons nous rendre compte. — La seconde période commence à la conquête du Mexique par Fernand Cortès ; ce pays fut alors soumis à la couronne d'Espagne, et lui fournit immensément d'or et d'argent. — La troisième période a commencé en 1810, époque où les Mexicains ont secoué l'autorité de l'Espagne et se sont rendus indépendants. D'autres Etats se sont joints à eux et ont formé la Confédération mexicaine; mais ils sont continuellement en guerre les uns avec les autres, et les Etats-Unis d'Amérique guettent le moment de s'en emparer ou de les forcer à faire partie de leur Confédération [1].

Fernand Cortez, capitaine espagnol, voulant avoir sa part de la gloire et des richesses qui devenaient le partage des aventuriers auxquels la découverte de Colomb avait ouvert un nouveau monde, s'embarqua pour l'Amérique, et aborda en 1519, à Talasco, dans le Mexique, à la tête de six cents soldats. Les Mexicains étaient un peuple innocent et doux, incapable de beaucoup d'énergie. Après quelques combats sans importance, Fernand Cortez arriva près de la ville de Mexico.

L'empereur qui régnait alors se nommait Montézuma, et reçut Fernand Cortez avec une hospitalité sans défiance, qui ne détourna pas celui-ci de ses coupables desseins. Par l'artifice autant que par la force, il entra dans le palais de l'empereur, s'empara du monarque et voulut se servir de lui pour parvenir à soumettre tout le peuple. Montézuma céda sur plusieurs points; mais las de faire

---

[1] L'auteur, Anglais, écrivait ces lignes il y a plusieurs années. Tout le monde a connu les événements dont le Mexique a été le théâtre de 1861 à 1867; l'expédition française, l'installation comme empereur de ce pays, de Maximilien, frère de l'empereur d'Autriche, et la fin déplorable de ce prince, qui, vendu par un traître, fut fusillé le 19 juin 1867.

des concessions qui aboutissaient toujours à de nouvelles demandes, il essaya quelque résistance. Alors Cortez le fit enchaîner, l'enferma dans une étroite prison et le soumit à toutes sortes de mauvais traitements. Les habitants, excités par la rage, se présentèrent en force devant le palais, et Cortez, pour les apaiser, fit paraître Montézuma sur un balcon, exigeant de lui qu'il parlât à ses sujets et leur dît qu'il était très-heureux. Montézuma voulut obéir; mais à peine eut-il ouvert la bouche, qu'une flèche, partie de la foule, et destinée, soit à lui-même, soit à Fernand Cortez, vint frapper l'infortuné monarque, qui mourut bientôt de sa blessure, envenimée par les chagrins qui le dévoraient.

Son fils, Guatimozin, devint empereur à sa place, et défendit vaillamment son pays; mais il fallut céder à la bravoure des Espagnols, et surtout à la puissance des armes à feu, dont les Mexicains ne connaissaient pas l'usage. Guatimozin fut pris; et, vous le dirai-je, mes enfants, il fut couché sur un gril de fer, exposé à un feu ardent, parce qu'il ne voulait pas découvrir les trésors qu'on lui supposait! De telles horreurs ne peuvent se croire, et pourtant elles ne sont que trop réelles. On ne peut lire sans frémir le récit des cruautés dont Cortez et ses compagnons se rendirent coupables envers les malheureux Mexicains, qui ne leur avaient jamais fait aucun mal; l'amour de l'or les avait enivrés; ils oubliaient la loi de Dieu, la voix de l'humanité, et cessant de se montrer des chrétiens, même des hommes, ils devinrent semblables à de véritables bêtes féroces.

L'empereur Charles-Quint nomma Fernand Cortès gouverneur du Mexique; mais victime de l'envie et de la calomnie, il fut bientôt rappelé en Espagne, où il mourut pauvre et délaissé.

La presqu'île de Californie, reprit au bout de quelques instants l'oncle Charles, est située près du Mexique et fait partie de la Confédération. C'est là que l'on a découvert tant d'or, et que s'est élevée peu à peu la ville de San-Francisco. Là, comme ailleurs, la cupidité a produit ses fruits; les violences, les assassinats et les trahisons sont devenus choses ordinaires parmi les chercheurs d'or, et la plus grande partie de ceux qui se sont expatriés pour trouver la fortune à San-Francisco, n'en sont pas revenus, ou sont revenus pauvres et misérables.

Maintenant l'or se montre en beaucoup d'autres endroits comme à la surface de la terre, et ces nouvelles découvertes seront suivies des mêmes efforts; mais Dieu a ses desseins, devant lesquels nous devons nous incliner. La plus sage, mes bons enfants, c'est de conserver la simplicité du cœur, l'amour du devoir et du travail, et de laisser les richesses à ceux qui les convoitent.

J'ai encore une histoire du genre de celle de Fernand Cortez à vous raconter :

Un homme de basse naissance, appelé Pizarre, et qui avait gardé les pourceaux dans sa jeunesse, s'embarqua pour trouver les pays miraculeux dont on contait tant de merveilles, et après trois années d'incroyables misères, il découvrit le Pérou, en 1528.

Le Pérou abonde en mines d'or et d'argent; c'est ce pays situé à l'occident septentrional de l'Amérique du Sud, dont je vous ai déjà parlé, et où Jenkins fut condamné à travailler au mines pendant deux ans. A l'époque de la découverte de Pizarre, le Pérou était habité par un peuple nombreux, appelé les Incas, dont les mœurs étaient douces et pures, et qui adorait le soleil. Comme au Mexique, la civilisation y était très-avancée; il y avait des villes, de beaux palais, des temples, des routes magnifiques; les vases, les ornements étaient merveilleusement travaillés, et l'or brillait partout. Mais ce qui excitait si puissamment la cupidité

des Espagnols n'était d'aucun prix aux yeux des
Péruviens, et lorsqu'ils connurent le fer, ils le
préférèrent de beaucoup à l'or, comme étant plus
utile.

Pizarre, après avoir découvert le Pérou, retourna
en Espagne, où il obtint de Charles-Quint le titre
de vice-roi des pays qu'il pourrait conquérir. Revenu
au Pérou, il s'empara par surprise de l'inca ou
souverain de ce pays, appelé Atahualpa, et le garda
comme prisonnier jusqu'à ce qu'il eût payé une
rançon exhorbitante, promettant alors de lui rendre
la liberté. Atahualpa paya sa rançon; mais Pizarre,
au lieu de tenir sa promesse, le fit perfidement
mettre à mort. Pizarre s'empara ensuite de tout ce
pays, où il commit plus d'injustices, d'infâmies et
de cruautés que ne l'ont fait aucun des autres
conquérants du nouveau monde. Comme vice-roi,
il gouverna d'une manière révoltante, s'appliqua
à perdre ses ennemis et les compagnons qui
l'avaient aidé dans la conquête ; enfin ceux-ci
se réunirent contre lui et l'assassinèrent dans son
palais.

Telle fut la fin de cet homme cruel, qui a dû
paraître chargé de tant de crimes et d'atrocités
devant le tribunal de Dieu !

Le Pérou est maintenant une république indépendante, gouvernée par un président. Quito et Lima, dont les fondements ont été jetés par Pizarre, sont les principales villes de ce pays.

———

Revenons maintenant à l'Amérique du Nord.

Dans l'année 1607, quelques Anglais (une centaine environ) vinrent dans la Virginie et fondèrent un établissement sur la rivière James (James River). La première ville qu'ils bâtirent fut appelée Jamestown.

Il est inutile de vous dire que cette partie de l'Amérique septentrionale n'était alors habitée que par des Indiens, et qu'on n'y voyait encore aucune des grandes villes qui s'y trouvent maintenant.

En 1620, des puritains anglais, inquiétés dans leur patrie au sujet de leur religion, se rendirent en Amérique, et débarquèrent à Plymouth, dans le Massachusetts. Le puritanisme est une secte très-sévère et très-singulière parmi les innombrables sectes du protestantisme, et comme les puritains étaient très-fanatiques, on ne leur laissait pas en Angleterre toute la liberté qu'ils auraient désirée; ils quittèrent donc leur patrie pour en chercher une autre, et fondèrent en Amérique la colonie appelée depuis la Nouvelle-Angleterre, et qui a tant prospéré.

Ces puritains étaient divisés en dix-neuf familles, et chaque famille se bâtit une petite maisont. Ils avaient vu quelques Indiens, qui, à leur approche, avaient fui dans les bois. Un jour, l'un d'eux arriva près des étrangers, en s'écriant : « Welcome, Englishmen! Welcome Englishmen! » (Soyez les bien venus, Anglais! Soyez les bien-venus!) Imaginez l'étonnement de ceux-ci! Le nom de cet Indien était Samoset; il avait appris l'anglais de quelques pêcheurs. Ce fut un bon ami des Anglais. Il persuada au chef, ou roi de sa tribu, appelé Masassoit, de venir voir les Anglais et de faire alliance avec eux.

Les trois premiers établissements de l'Amérique septentrionale sont donc la Virginie, New-York et la Nouvelle-Angleterre. Ces établissements furent appelés *Colonies*.

Les colons rencontrèrent d'innombrables difficultés : tantôt leurs récoltes furent détruites, et ils souffrirent de terribles famines; tantôt ils furent atteints de cruelles maladies; quelquefois des querelles avec les Indiens leur attiraient des guerres et une foule de misères. Mais en dépit de toutes ces épreuves, et soutenus par un admirable courage, ils persévérèrent, leurs colonies prospérèrent, et d'autres s'établirent.

En 1621, un établissement fut fait à Delaware par des Suédois et des Finlandais.

En 1634, lord Baltimore, un noble Anglais, envoya une colonie de catholiques, qui s'établirent dans le Maryland.

En 1681, William Penn, un quaker, autre secte fort extraordinaire du protestantisme, commença un établissement de quakers, qui prit de lui le nom de Pennsylvanie.

Ainsi vous voyez que dans l'espace de quelques années une grande partie de ce qu'on appelle maintenant les Etats-Unis fut fondée et habitée; et la prospérité, le développement de ces nouveaux états, formés d'éléments si divers, se sont accrus en peu de temps d'une manière inouïe et tout à fait inconnue dans les annales du monde.

Vous avez pu remarquer dans les récits que je viens de vous faire, plusieurs noms de villes qui vous étaient parfaitement familiers et qui appartiennent à d'autres pays; en effet, le nouveau monde s'est approprié tous les noms des villes de l'ancien et même de l'antiquité; aussi vous trouvez en Amérique non-seulement Londres, Cambridge, Belfast, etc., etc., mais vous y entendrez nommer Athènes, Rome, Sparte, Corinthe, etc. Ce peuple sans ancêtres veut sans doute s'inspirer du souvenir de ceux des autres; en tous cas, c'est une nation industrieuse, active, intelligente, dont les destinées semblent devoir être de plus en plus propères.

De tout ce que je viens de vous raconter, mes enfants, il résulte que l'Amérique était, il y deux cents ans, tout à fait différente de ce qu'elle est aujourd'hui. Si vous jetez un regard sur la carte, vous la verrez couverte des noms d'une immense quantité de villes et traversée en toutes directions par d'innombrables routes. Très peu de ces villes existaient il y a deux cents ans, et les places qu'elles occupent étaient couvertes de forêts. Si vous voyagiez dans ces pays, vous y verriez maintenant de belles maisons, des jardins, des vergers et des champs cultivés; à leur place était le désert.

J'arrive maintenant à l'année 1756, époque de la célèbre guerre appelée l'ancienne guerre française.

Vous vous rappelez que l'Amérique proprement dite était originairement peuplée par des Anglais et appartenait à l'Angleterre. Les Français avaient créé quelques établissements au nord, dans le Ca-

nada, qui avait été découvert sous François Ier par
Jacques Cartier. Dans le fait, les Français furent
les premiers qui colonisèrent l'Amérique, et, dans
la première moitié du xviie siècle, le Canada eut
pour gouverneur un homme illustre nommé Cham-
plain. Les Franciscains sont les premiers missionnaires qui prêchèrent l'Evangile parmi les sauvages,
et les Jésuites, qui les remplacèrent, prêchèrent
plus tard, parmi les Hurons, une mission célèbre
dont le récit est plein d'intérêt. J'emprunte à cet
ouvrage quelques détails dont vous serez touchés.

« La vie d'un missionnaire sur le lac Huron
était simple et uniforme (1628). De quatre à huit
heures du matin, il priait. Sa journée était consacrée aux écoles, aux visites pastorales, à l'instruction religieuse et aux offices pour les prosélytes.
Quelquefois le P. Brébœuf se promenait dans un
village, une clochette à la main, invitant les chefs
hurons à une conférence. On se rassemblait à
l'ombre de la forêt, et les missionnaires expliquaient
les dogmes de la foi. C'est ainsi que le sentiment
de la piété fut éveillé dans le cœur du guerrier
Achasistare.

« Avant que vous vinssiez dans le pays, di-
sait-il au P. Brébœuf, lorsque j'avais échappé à
quelque grand péril, je me disais : — Quelque

grand Esprit a pris soin de mes jours. Maintenant je sais que ce protecteur, c'était Jésus!

» Après que ce chef eut reçu le baptême, il
exhorta d'autres néophytes à s'efforcer de faire
embrasser la foi de Jésus au monde entier! Ce
même chef avait accompagné le P. Jésuite dans
une mission que celui-ci avait entreprise chez les
Mohawks, ennemis des Hurons. Les Mohawks
attaquèrent les barques des Hurons. Achasistare
s'était sauvé, mais le P. Jésuite, pour ne pas
abandonner ses catéchumènes, refusa de suivre son
exemple; alors Achasistare revint auprès du missionnaire, en lui disant : — Père, j'ai juré de partager ton sort, quel qu'il fût; me voici pour tenir ma
promesse.

» Les malheureux reçurent la mort avec une
fermeté toute chrétienne. D'autres missionnaires
éprouvèrent le même sort; mais ils fondèrent des
églises qui civilisèrent les Indiens et les rendirent
amis des Français. »

Il y a dans le Canada des lacs immenses, de
très-grands fleuves, et l'on y voit la cataracte de
Niagara, la plus grande et la plus célèbre du monde.
Le Niagara est une rivière qui unit les lacs Erié
et Ontario, et sert de limite entre le haut Canada
et les Etats-Unis. Il a quinze lieues de longueur

et quatre de largeur, près d'une île appelée l'île Grande; et c'est là que se trouve la fameuse cataracte. L'eau s'élance d'une hauteur de quarante-sept mètres sur une largeur de deux cents, mais l'île d'Iris la divise en deux parties.

Il est impossible, mes enfants, que vous vous fassiez une idée de l'effet que produit la chute de cette immense nappe d'eau, tombant d'une telle hauteur, avec un bruit si formidable et une si imposante grandeur. On se sent saisi à la fois d'épouvante et d'admiration; et l'on ne peut s'arracher à ce spectacle magnifique, où se reflète en quelque sorte la puissance et la majesté de Dieu même.

La guerre s'était déclarée entre la France et l'Angleterre; les deux nations étaient rivales au Canada et commencèrent à s'attaquer dans leurs colonies, se faisant, comme il est d'usage en pareil cas, tout le mal qu'elles pouvaient se faire l'une à l'autre. Les Français engagèrent un grand nombre d'Indiens, et comme ceux-ci détestaient les Anglais, qui les avaient chassés et s'étaient emparés de leurs terres, ils se livrèrent envers eux à toutes les cruautés imaginables.

Je ne vous ferai pas le récit de toutes les horreurs de cette guerre; je vous parlerai seulement

Chute du Niagara.

de la prise de Québec, qui nous appartenait, et dont la perte a été pour nous l'événement le plus important de la guerre.

Cette ville était la capitale de la colonie française au Canada ; elle était bien fortifiée, et défendue par une armée dont le commandant était le marquis de Montcalm, brave et excellent officier.

Le général Wolfe commandait l'armée anglaise ; c'était aussi un vaillant homme, qui résolut d'attaquer la ville, quoiqu'elle fût très-bien fortifiée et très-bien défendue.

Près de la ville était une colline élevée qui la dominait et que l'on appelait les hauteurs d'Abraham (the heights of Abraham). Le général Wolfe, ayant attaqué plusieurs fois sans succès les Français, résolut de s'emparer de ces hauteurs et d'y établir son armée. En conséquence, quand la nuit fut venue, ses soldats gravirent la colline, et le lendemain ils y étaient rangés en bataille.

A dix heures du matin le combat commença. Vous n'avez jamais vu une bataille, et vous ne pouvez imaginer ce que c'est. Figurez-vous des milliers de soldats de chaque côté avec des sabres, des épées, des fusils et des canons. Les deux armées marchent l'une contre l'autre, et la bataille

commence; les mousquets lancent leurs balles, et
le canon résonne. On est enveloppé en un instant
d'une épaisse fumée, à travers laquelle on peut
seulement voir les éclairs de lumière provenant
des armes à feu, et l'on est étourdi par un bruit
incessant capable de rendre sourd.

De temps en temps le bruit cesse, le nuage de
fumée se dissipe lentement dans les airs, et l'on
peut voir le champ de bataille couvert de morts
et de mourants. Alors le combat recommence, la
fumée couvre encore les combattants, et le canon
gronde de nouveau.

Telle fut la bataille des hauteurs d'Abraham.
L'armée française attaqua courageusement les An-
glais, mais elle fut repoussée. Elle retourna impé-
tueusement à la charge, mais sans succès. Les
Anglais demeurèrent maîtres du terrain, et les
Français furent obligés de se retirer.

Le brave général Wolfe fut blessé et mourut
sur le champ de bataille. Le noble et vaillant de
Montcalm fut blessé aussi et mourut de sa blessure
le surlendemain du combat. Cinq jours après, la
ville se rendit, et les Anglais prirent aussi possession de la ville de Montréal et des autres établissements français.

La paix entre la France et l'Angleterre fut conclue en 1763, et, par les conditions du traité, le Canada resta en la possession des Anglais.

———

Je vous raconterai aujourd'hui, mes enfants, l'événement le plus important de l'histoire de l'Amérique; je veux dire la révolution et la guerre de l'indépendance; mais pour que vous puissiez le comprendre, je vais vous donner d'abord quelques explications.

Vous vous rappellerez que les établissements anglais dans l'Amérique du Nord étaient appelés *Colonies*, c'est-à-dire qu'ils appartenaient à l'Angleterre, qui les gouvernait selon ses lois et sa volonté. Le peuple américain, qui reconnaissait l'autorité du roi d'Angleterre et lui obéissait, avait droit à sa protection et se croyait sûr de l'obtenir.

Cependant le roi d'Angleterre et son gouvernement firent des lois contraires aux intérêts des Américains, et imposèrent à ceux-ci des charges au-dessus de leurs forces et qu'ils ne voulurent pas supporter. Le gouvernement anglais se figurant que les colonies étaient faibles et timides, et se soumettraient à tout ce que l'on voudrait exiger d'elles, abusait de sa force et ne les ménageait en rien.

Comme presque tous les habitants qui peuplaient les colonies étaient d'origine anglaise, et que beaucoup d'entre eux étaient nés et avaient été élevés en Angleterre; comme ils avaient été protégés par le gouvernement anglais et qu'ils lui devaient en partie la prospérité du pays, ils avaient pour l'Angleterre un grand et profond attachement. C'est pourquoi ils supportèrent beaucoup de vexations et pendant longtemps. Toutefois ils firent parvenir au roi d'Angleterre des plaintes et des remontrances, le suppliant de les traiter avec justice et avec bonté.

Ils ne reçurent pas de réponse; au contraire ils éprouvèrent, plus de vexations que jamais, et le joug de la métropole leur devenant insupportable, ils résolurent de se soustraire à l'autorité de l'Angleterre et de se gouverner eux-mêmes.

En conséquence, les différents Etats envoyèrent à Philadelphie les hommes qu'ils crurent les plus sages et les plus dignes de leur confiance, et ces hommes assemblés formèrent ce qu'on appelle un congrès. Ce congrès, le 4 juillet 1776, déclara que le peuple américain ne voulait plus se soumettre au gouvernement de l'Angleterre, et qu'il était résolu à se rendre et à rester libre et indépendant.

Quand l'homme est faible, il se soumet; quand il se fortifie, il commence à se plaindre ; et quand il est devenu puissant, il résiste. Il en est des peuples comme des individus, et l'Amérique le prouva bien. Cette déclaration d'indépendance, comme on l'appelle, est célébrée tous les ans, en Amérique, le 4 juillet, comme étant l'origine de l'indépendance et de la liberté de la nation. Mais avant que cette indépendance fût assurée et reconnue par l'Angleterre, les colonies avaient à subir un guerre qui dura huit années. Je laisserai parler mon ancienne connaissance, M. Johnson, à qui je demandai un jour quelques détails, qu'il me donna en ces termes :

« Avant la déclaration d'indépendance, la guerre était déjà commencée. En 1775, le gouvernement anglais, craignant que le peuple américain ne résistât à son autorité, avait envoyé quelques régiments pour le contenir, et ces régiments étaient cantonnés à Boston.

» Il y avait à Concord, ville située à quelques lieues de Boston, des munitions de guerre appartenant aux Américains. Le commandant anglais, nommé Sage, voulut les détruire, afin que les Américains ne pussent pas s'en servir. Il envoya donc, le 19 avril 1775, une troupe de soldats à Concord. Ces soldats virent à Lexington, sur leur route, un assez grand nombre de gens qui, alarmés par la nouvelle de l'expédition, s'étaient assemblés autour d'une église. Un des officiers anglais, le major Pitcairn, galopa jusqu'auprès du rassemblement, en s'écriant : « Dispersez-vous, rebelles ! dispersez-vous ! » Et en même temps quelques soldats firent feu sur le peuple, et il y eut des hommes tués.

» Cette action des soldats anglais excita les Américains à la révolte, et ils jurèrent de s'en venger. Ils coururent à leurs maisons, prirent leurs fusils, et revenant en toute hâte, commencèrent à attaquer vigoureusement les Anglais. Ceux-ci reconnurent bientôt la nécessité de fuir et retournèrent sur leurs pas vers Boston ; les Américains les poursuivirent, et ils eurent grande peine à regagner la ville. Ce fut le commencement de la révolution.

» Les Américains dirent adieu à leurs familles, quittèrent leurs tranquilles demeures, et pénétrés de la pensée qu'ils défendaient leurs droits, ils coururent en foule sous les drapeaux. Les troupes anglaises étaient stationnées à Boston, et les Américains réunirent leurs forces dans les environs. J'étais dans la ville, et il n'était pas facile d'en sortir; cependant j'étais déterminé à me joindre â l'armée américaine.

» Il y a près de Boston une haute colline appelée Bunker's Hill. De Boston, on voit le sommet de cette colline. Un matin, on s'aperçut que les Américains en avaient pris possession pendant la nuit, et qu'ils avaient construit un petit parapet de terre et de gazon.

» Le gouverneur Gage voulut les en chasser et envoya des troupes anglaises pour les attaquer. Tout était en mouvement dans la ville; la crainte et l'espérance agitaient tous les cœurs; je ne pouvais rester plus longtemps inactif. Je me rendis avec trois de mes camarades à un endroit où nous avions caché un petit bateau, sur lequel nous nous rendîmes à Cambridge, ville qui est située de l'autre côté de la baie. Nous débarquâmes, et nous allâmes joindre nos troupes sur le sommet de Bunker's Hill; de là nous pouvions voir approcher l'armée anglaise. Elle aborda à peu de distance de nous et fut bientôt en rang, puis elle commença à marcher vers la colline. Rien ne peut surpasser la régularité de la tenue et de la marche

des Anglais pendant qu'ils se dirigeaient vers nous.
Ils étaient tous en habits rouges avec des pantalons blancs. Le soleil était éclatant, et leurs armes
brillaient comme un miroir. Ils s'avancèrent en lignes
droites, d'un pas ferme et assuré, vers le parapet
derrière lequel étaient les Américains. Robert Smith,
un des camarades avec lesquels j'étais venu au
camp, et moi, nous étions à côté l'un de l'autre :
ce fut un moment de grande anxiété. On ne pro-
nonçait pas une parole; nous étions là, nos fusils
chargés, le doigt sur la détente, prêts à envoyer
nos balles à la face de nos ennemis.

» Nous les vîmes, ils étaient si près que nous
pouvions distinguer leurs traits. Nous gardions le
silence; nous sentions leurs pas lourds ébranler
le petit monticule derrière lequel nous étions
cachés.

» Alors le signal fut donné; tous les fusils partirent, et une lumière soudaine courut comme l'é-
clair tout le long du parapet. Plus de mille mousquets
envoyaient leurs décharges aux Anglais en pleine
poitrine. L'effet en fut foudroyant : beaucoup des
ennemis furent étendus sur la place; les autres
hésitèrent quelques instants, puis tournèrent le dos
et s'enfuirent.

» Mais les Anglais sont de braves soldats; ils renouvelèrent bientôt l'attaque. On leur répondit comme la première fois, et ils se retirèrent encore. Mais enfin, les Américains, ayant épuisé leur poudre et leurs balles, furent, à leur tour, contraints de quitter la place. Ils le firent avec regret, à pas lents, et les Anglais s'emparèrent de la position. Beaucoup d'entre eux avaient été tués, les Américains n'avaient presque pas souffert. Ce combat fameux fut appelé la bataille de Bunker's Hill.

» La guerre était sérieusement commencée. Les Américains prirent des mesures pour se défendre contre les troupes anglaises et, s'il était possible, les chasser de leur pays. Ils chargèrent un sage et vaillant homme, George Washington, de lever une grande et puissante armée, et ils lui en donnèrent le commandement.

» En même temps les Anglais, pleins de ressentiment, et déterminés à soumettre leurs colonies rebelles, envoyèrent un grand nombre de vaisseaux et plusieurs milliers de soldats en Amérique, ne doutant pas qu'ils pussent facilement les faire rentrer dans le devoir.

» Je ne vous ferai pas le récit de toutes les sanglantes batailles qui se donnèrent pendant cette longue guerre; mais je vais vous raconter une aventure intéressante qui m'est arrivé à moi-même.

» Nous voulions accompagner un détachement qui allait joindre des troupes américaines, destinées à combattre un corps d'armée anglaise, qui s'avançait du Canada, sous les ordres du général Burgoyne. Nous partîmes donc; le détachement était composé d'une soixantaine d'hommes. Le second jour de notre marche, comme nous suivions une espèce de route militaire qui avait été tracée dans les bois, nous fûmes surpris par le bruit d'un coup de mousquet, sortant d'un buisson près de nous. Le soleil venait de se coucher, et il faisait presque nuit. Nous ne pouvions distinguer personne dans le bois, et nous n'avions jamais pensé que les ennemis pussent s'y trouver. Il n'y avait pourtant pas à douter que le coup ne fût tiré par quelque Indien qui nous guettait pour nous attaquer.

» En ce moment, Robert Smith et moi nous nous trouvions près l'un de l'autre et à quelques pas en arrière de nos camarades; au moment où j'entendis le coup de mousquet, je vis Robert s'arrêter et porter précipitamment la main à son côté. Je m'élançai vers lui, pensant bien que la balle l'avait atteint; mais j'arrivai trop tard, il venait de tomber! Je l'entourai de mes bras et relevai sa tête; il me dit d'une voix ferme: — Je suis blessé et je vais mourir : laissez-moi! Les Indiens nous entourent; la première balle sera dirigée vers votre cœur; partez, rejoignez nos troupes, laissez-moi mourir ici.

» Je n'eus pas le temps de lui répondre, car plusieurs Indiens, s'élançant du milieu du taillis, se saisirent de moi et m'entraînèrent. Je ne pus même penser à la résistance; tout se passa en un instant.... Je fis pourtant quelques mouvements pour m'assurer de la force de mes ravisseurs; mais chacun de mes bras étaient puissamment retenu par un homme vigoureux, les autres me serraient de près, il n'y avait pour le moment aucun moyen d'échapper. Il était nuit, et je pus seulement m'apercevoir que ces hommes étaient des sauvages, et qu'ils m'emmenaient à travers une forêt d'arbres très-élevés et sans taillis. Après un quart d'heure environ de marche précipitée, on s'arrêta, et mes bras furent solidement attachés derrière mon dos. Puis on se remit en route, et pour accélérer mes pas, les sauvages me donnaient de temps en temps de grands coups de baton. Nous marchâmes ainsi pendant une heure à peu près, et enfin on s'arrêta.

» Les Indiens, qui, jusque-là, avaient gardé le silence, commencèrent à parler entre eux. Ils paraissaient se consulter, et quand ils eurent fini, ils me permirent de m'asseoir et s'assirent eux-mêmes. Au bout de deux heures, nous fûmes rejoints par une douzaine d'autres Indiens, et alors on se remit en route.

» Marchant au milieu des bois, dans l'obscurité, mes mains liées derrière le dos, il m'était extrêmement difficile de suivre le pas des Indiens; mais s'il m'arrivait de rester en arrière, ils me battaient rudement. Enfin le jour parut, et l'on fit une nouvelle halte. Les Indiens, qui jusque là n'avaient parlé que dans leur langage, commencèrent à m'adresser quelques questions en anglais. Je leur en fis à mon tour, mais ils refusèrent de me répondre. Tout ce que je pus apprendre sur ce qui me concernait, c'est que la décision de mon sort était réservée à leur chef, qui devait arriver le lendemain. En attendant, pour me tourmenter, et pour exercer le talent des jeunes Indiens à tirer de l'arc, ils m'attachèrent à un arbre et je dus leur servir de but. Plusieurs des flèches vinrent très-près de moi, deux m'atteignirent et me blessèrent, mais légèrement. Quand les flèches m'atteignaient, les Indiens riaient de tout leur cœur et paraissaient enchantés.

» Quant à moi, j'aurais pu me désespérer et

me croire perdu; mais j'avais déjà couru tant de
dangers auxquels j'avais toujours échappé, que je
ne perdis pas toute confiance. J'avais souvent
éprouvé aussi que le danger devient moindre quand
on le supporte courageusement, et que les maux
disparaissent, ou tout au moins diminuent, quand
on s'y soumet résolument, sans plainte et sans
murmure. D'ailleurs, je plaçais ma confiance en
Dieu, et je me sentais sûr que la Providence viendrait à mon secours. Je reçus donc très-patiemment
les flèches des Indiens qui ne me faisaient heureusement que de légères blessures, et j'éprouvais
même de la pitié pour les misérables qui se ré-
jouissaient de mes souffrances.

» Ceux-ci se lassèrent enfin de ce cruel amusement, et, me laissant attaché à l'arbre, ils se
mirent à manger. Quand ils eurent fini, ils m'of-
frirent un morceau de daim rôti; mais j'étais trop
étroitement lié pour qu'il me fût possible de manger. Alors ils me détachèrent; j'avais les mains si
enflées que je ne pouvais m'en servir; mais j'éprouvais une si grande faim que je parvins cependant
à manger un peu.

» Là nuit vint, et je résolus d'en profiter pour
m'échapper s'il était possible. Le chef devait arriver le lendemain, et d'après ce que je savais des

Indiens, il était plus que probable que le sort qui m'attendait était d'être brûlé vif, si je ne parvenais à me soustraire par la fuite à une mort si cruelle.

» Je me promis donc de profiter de la moindre chance de salut, si elle pouvait s'offrir. Le lieu où nous nous trouvions était la côte élevée et rocheuse d'une petite rivière. Mon projet était de m'éloigner en silence pendant le sommeil de mes gardiens, ou, si cela ne pouvait se faire, de m'élancer tout à coup, même sous leurs yeux, et de sauter dans la rivière, espérant que si je n'étais brisé sur les rochers, je pourrais échapper, à l'aide de l'obscurité, à la poursuite de mes ennemis.

» Ce plan arrêté dans ma tête, j'attendis avec impatience le moment où les sauvages seraient endormis. Il était minuit quand tous furent ensevelis dans le sommeil. J'étais lié étroitement et couché sur la terre, ayant une douzaine d'Indiens autour de moi; cependant je commençai à tacher de rompre les liens d'écorce d'arbres par lesquels j'étais retenu. J'y avais presque réussi, quand l'un deux, se relevant d'un bond, vint à moi et leva sa hache sur ma tête, tout prêt à me frapper. J'attendais le coup, mais il ne le donna pas; il examina mes liens, et comme ils tenaient encore

et que je paraissais endormi, l'Indien me quitta et
se recoucha sur la terre. Il fut bientôt retombé
dans le sommeil. — Maintenant, me dis-je, voici le
moment qui va décider de ma vie ou de ma mort !
Et faisant un effort désespéré, je parvins à briser
les derniers liens qui retenaient mes mains. Je dé-
tachai ensuite ceux qui étaient autour de mes
jambes, et me levant doucement je passai avec
toutes les précautions imaginables au milieu des
Indiens. L'un d'eux murmura dans son sommeil
et se retourna comme s'il se fût éveillé, mais il
ne s'éveilla pas. Je pris le mousquet qui se trouva
le plus à ma portée, appuyé contre un arbre, puis,
d'un pas léger et le cœur agité, je m'éloignai en
silence.

» Il n'y avait pas plus d'un quart d'heure que
j'étais en marche, lorsque j'entendis un grand cri
parmi les Indiens, suivi de hurlements qui firent
retentir les échos de la forêt. Je compris que ma
fuite était découverte ; j'étais sur le bord de la rivière
et environné de rochers. Je me blottis entre deux
des plus élevés, osant à peine respirer. Bientôt
je les entendis se diriger du côté où j'étais ; deux
ou trois passèrent si près de moi que j'aurais pu
les toucher avec la main, mais ils ne me virent
pas. Enfin un autre plus éloigné m'aperçut ou plu-

tôt me devina, il leva son fusil, il me mit en joue, et pourtant il ne se décidait pas à faire feu. Je profitai de ce moment d'hésitation et m'élançai dans la rivière. Je nageai avec difficulté, tenant le mousquet d'une main et barbottant de l'autre ; mais j'avais à peine traversé la rivière, quand j'entendis deux ou trois des sauvages se jeter aussi à l'eau. Je grimpai à l'autre bord, et m'enfonçant dans les bois, je courus de toutes mes forces. Mais j'avais les membres raidis par mes blessures et par les ligatures qui les avaient enflés ; les agiles Indiens m'eurent bientôt attrappé, et je redevins prisonnier. Ils me ramenèrent à l'endroit d'où j'étais parti, et m'attachèrent plus solidement que la première fois.

» Le jour vint, et le chef de la tribu arriva avec plusieurs autres Indiens. C'était un homme âgé, mais encore fort et actif. Ceux dont j'étais le prisonnier lui racontèrent tout ce qui était arrivé, et lui demandèrent ce qu'il fallait faire de moi. Il écouta attentivement tout leur récit, puis, venant à moi, il me dit en anglais d'un ton sévère :

— Homme blanc, écoute-moi ! Autrefois l'homme rouge était maître de ces eaux et de ces bois. Les montagnes et les rivières appartenaient à l'homme rouge, et alors il était heureux.

» Les hommes blancs, tes pères, sont venus. L'homme rouge les a bien accueillis, mais ils furent traîtres et ingrats. Quand ils sont devenus forts, ils ont chassé l'homme rouge sur les montagnes et ils ont pris ses terres. Cependant j'étais resté l'ami des hommes blancs.

» Mais vois ceci, ajouta-t-il en me montrant une cicatrice qui était sur sa poitrine, c'est la marque d'une balle envoyée par les hommes blancs. Je ne leur avais fait aucun mal ; j'avais vécu parmi eux et je les avais servis. Mais ils ont tiré sur moi comme sur un chat sauvage.

» Homme blanc, écoute ! J'étais autrefois l'ami des hommes blancs, maintenant je suis leur ennemi. Ne pense plus à t'échapper ; tu vas mourir.

— Chef, lui répondis-je, fais ce que tu voudras ! Si la volonté de Dieu est que je meure, je mourrai content. Mon père était un ami des hommes rouges, et son fils ne leur a jamais fait de mal. Mon père a sauvé la vie à un homme rouge, et maintenant tu veux tuer son fils. Si c'est le bonheur d'un homme rouge de répandre le sang de quelqu'un dont le père a sauvé la vie d'un autre homme rouge, tue-moi, je suis prêt à mourir.

» Et quand mon âme paraîtra devant le Grand-Esprit, je lui dirai : « Mon père était un bienfaiteur des hommes rouges, et ils ont tué son fils ! »

— Parle, dit le chef, où vivait ton père?

— A Boston, lui répondis-je.

— Et qui était l'Indien dont il a sauvé la vie?

— Son nom était Wampum, lui répondis-je.

— Homme blanc, dit le chef, regardez-moi, je suis Wampum : je vous reconnais; vous êtes le garçon qui vint à mon wigwam à Holyoke. Vous êtes le garçon qui êtes venu avec moi aux Grandes-Chûtes. C'est votre père qui m'a sauvé la vie, et je souffrirais que son fils mourût!

» Mes frères, poursuivit Wampum en se tournant du côté des Indiens, j'étais étranger dans une ville éloignée habitée par des hommes blancs. Je bus de leur eau de feu [1], et elle me rendit fou. Je frappai un matelot, et il fut si en colère qu'il vint contre moi avec douze autres hommes. Ils me renversèrent, ils me foulèrent aux pieds; ils voulaient me tuer. Mais un homme blanc, dont le bras était fort, les battit et les chassa. L'ami des hommes rouges me sauva la vie. Voici son fils; doit-il mourir? »

» Les Indiens répondirent en déliant mes mains et mes pieds.

---

[1] Les Indiens appellent ainsi l'eau-de-vie.

— Allez, dit Wampum, et dites à vos amis que les Indiens n'oublient jamais les bienfaits. Dites-leur que nous rendons aux enfants le bien que nous ont fait leurs pères. Nous ne faisons la guerre qu'aux méchants : nous ne cherchons que le sang de nos ennemis. »

» En disant ces mots, il me rendit mon fusil, il me donna un sac de chair de daim séchée, et me dit que j'étais libre de partir. — Suivez tout le long de la rivière, ajouta-t-il, et une marche de trois jours vous conduira au camp des Améri-cains !

» Je remerciai affectueusement le chef, mon ancien ami, et je partis. Je ne trouvai aucune dif-ficulté à suivre ma route le long de la rivière. A la nuit, je fis un petit feu et je dormis bien. Le jour suivant je continuai mon voyage, et le soir je me trouvai au milieu de collines et de rochers entre lesquels la rivière jetait ses eaux bruyantes.

» Je regardai de tous côtés pour trouver une place où je pusse passer la nuit, lorsque je vis un homme qui s'approchait de moi. Il était pâle et paraissait épuisé. Je le fixai un instant, et quelle ne fut pas ma surprise en le reconnaissant pour Robert Smith que je croyais mort !

» Il me dit qu'il était resté évanoui et que les

sauvages l'avaient cru sans vie; tandis qu'il n'était
que blessé. Il avait passé, couché sur la terre, un
jour et une nuit, et depuis ce temps il n'avait pas
cessé d'errer dans les bois. Je le trouvai excessivement affaibli par la faim et par la perte de beaucoup
de sang; mais après avoir mangé un morceau de
ma chair de daim séchée, il se trouva mieux et
dormit toute la nuit. Le lendemain matin, il était
en état de partir avec moi, et nous nous mîmes
en route, en marchant très-lentement.

» Trois jours après, nous arrivâmes au camp,
où nous rejoignîmes notre régiment.... »

Je vous ai donné en détail toute cette partie du
récit de M. Johnson, parce que j'ai pensé qu'il
vous intéresserait comme moi. Quant à ce qui
concerne la suite de cette guerre, je vous dirai
seulement qu'elle dura huit années, que les Français
combattirent glorieusement dans les rangs des Américains pour les aider à reconquérir leur liberté, et
que la paix fut enfin signée à Paris, en 1783.

Vous lirez un jour l'histoire de Washington,
celle de Franklin, et vous verrez combien ces
hommes si justement célèbres ont mérité de leur
patrie, à laquelle ils ont rendu de si éminents
services.

Il y aurait encore beaucoup à vous dire sur les

usages, les productions et le climat si varié de l'Amérique. La civilisation, dans les Etats-Unis, est poussée à l'excès. Cette république, gouvernée par un président, possède une marine considérable, et disputerait peut-être avec avantage l'empire des mers à l'Angleterre elle-même. Elle fait, au moyen de ses vaisseaux, un commerce colossal avec le monde entier.

Je me bornerai à ces renseignements assez incomplets sans doute; mais j'espère vous avoir inspiré le désir d'en savoir davantage, et d'achever plus tard, par l'étude et la lecture, ce que j'ai commencé.

— Merci! merci! merci! cher oncle, dirent à la fois les enfants, dont la veillée s'était un peu prolongée. Mais avez-vous donc fini? n'avez-vous plus rien à nous raconter?

— Puisque mon frère n'arrive que dans trois jours, dit M. Charles de Mareuil, je vous dirai encore demain quelques mots sur l'Océanie. Pour le moment, bon soir et dormez bien. »

RÉCITS SUR L'OCÉANIE

« L'Océanie, qui forme la cinquième partie du monde , se compose d'îles nombreuses, répandues dans le grand Océan, et que l'on divise généralement en trois régions : la Malaisie, l'Australie et la Polynésie.

La Malaisie comprend les îles de la Sonde , les îles Moluques, l'île de Bornéo et les îles Philippines.

L'Australie comprend l'Australie proprement dite ou la Nouvelle-Hollande, la terre de Van-Diémen, les îles de Norfolk, la Nouvelle-Guinée, la Nouvelle-Zélande et beaucoup d'autres îles.

La Polynésie se compose des îles Sandwich, des Amis, des Larons, et d'autres îles dans l'océan Pacifique.

J'ai rencontré, il y a quelque temps , un marin qui a parcouru toutes ces îles, et qui m'a raconté à ce sujet plusieurs choses intéressantes. Les marins ont bien des misères à supporter dans leurs courses lointaines. Un pauvre garçon vous dira qu'il revient des mers du Sud et de la terre de Van-Diémen; mais il faudrait bien des paroles pour vous conter la moitié des dangers et des souffrances par lesquels il a passé pendant ces voyages. Il peut avoir eu à supporter le froid et le chaud, les calmes et les orages, les nuits noires et les pluies diluviennes ; il peut avoir eu à combattre la fatigue, la faim, la soif, les requins, les naufrages, des accidents de tous genres, sans qu'un seul mot à ce sujet s'échappe de ses lèvres.

J'aime à prendre la main calleuse d'un marin et à regarder son visage bruni par le soleil et toutes les intempéries des saisons! Cela me rappelle ma vie errante et les scènes différentes dont j'ai été témoin ou auxquelles j'ai pris part.

Regardez la carte, et vous verrez, du côté occidental de l'Océanie, une très-grande île appelée la Nouvelle-Hollande, ou plus souvent, maintenant, l'Australie. Cette île a été découverte, il y a plus de deux cents ans, par un Hollandais. C'est la plus grande île du monde, on pourrait l'appeler continent; elle a presque mille lieues de longueur.

Le capitaine Cook a exploré la Nouvelle-Hollande. Les naturels sont très-sauvages et à peu près aussi noirs que des nègres. Ils se barbouillent le corps de différentes couleurs, et portent à leur cou, à leurs bras et à leurs jambes, des colliers faits avec des perles ou des coquilles. Il y a parmi eux de singuliers usages : la plupart des hommes s'arrachent les dents de la mâchoire supérieure, et beaucoup de femmes se coupent deux phalanges du petit doigt. Quand un personnage de quelque importance vient à mourir, on le conserve parfois fort longtemps dans une sorte de cercueil ouvert; c'est ce que l'on appelle une *hutte funéraire*.

On trouve à la Nouvelle-Hollande du fer, du charbon de terre, des pierres précieuses, et des bois de construction et d'ébénisterie.

Il y a beaucoup de colonies dans l'Australie, et si j'en avais le temps, je vous parlerais en détail de la Nouvelle-Galles du Sud, de la terre de Nuyts, de la terre de Carpentarie, de la terre de Van-Diémen, etc., etc.; mais je ne puis vous en dire que peu de chose. Sydney est la capitale de la Nouvelle-Galles du Sud; vous la verrez au sud-est de l'île. Cette ville a beaucoup de belles rues et des bâtiments publics; elle croît rapidement en importance et en richesses. Les rues en sont maintenant macadamisées et éclairées par le gaz; on voit dans le port un grand nombre de bateaux à vapeur, qui circulent pour le commerce avec les autres îles. Il y a à Sydney plusieurs belles églises, un collége pour les hautes études et beaucoup d'autres colléges publics et particuliers.

Les villes de Maitland dans la Nouvelle-Galles du Sud, de Melbourne et de Geelong dans Port-Philippe, d'Adelaïde dans l'Australie méridionale, de Hobart-Town et Lancaster dans la terre de Van-Diémen, prennent aussi un accroissement rapide.

La physionomie de l'Australie n'est plus la même depuis qu'on y a découvert une grande quantité de terrains aurifères. Ces champs d'or ont appelé des villes des campagnes toute leur population. L'agriculture est en souffrance, le commerce languit, et les véritables richesses de la terre sont négligées, et cependant les espérances de ceux qui ont à supporter toutes sortes de fatigues et de misères dans la recherche du précieux métal sont bien rarement réalisées.

La première découverte de l'or en Australie eut lieu en 1851, de la manière que je vais vous dire.

Un fermier nommé Hargreaves, dont la ferme était en Australie, près de Bathurst, alla en Californie pour y chercher de l'or. Il fut surpris de

voir que les rochers et les couches de terre de
cette contrée ressemblaient beaucoup à ceux du

Hutte funéraire en Océanie.

district de Conobolas, qui est à une dizaine de lieues
de Bathurst. « Pourquoi, se dit-il, n'y aurait-il pas

de l'or en Australie aussi bien qu'en Californie? »

Revenu à sa ferme, il se mit à bêcher, piocher, pour trouver de l'or, et au bout d'un ou deux jours il en trouva. Il fit part de sa découverte au gouvernement colonial, dont il reçut une récompense et un emploi lucratif. Peu de temps après on trouva un bloc de quartz, contenant une quantité d'or pur, qui valait cent mille francs. C'était à Murroo-Creek, à seize lieues au nord de Bathurst.

Cette nouvelle se répandit avec la rapidité de l'éclair; aussitôt une multitude de gens se précipitèrent vers le lieu de la découverte pour creuser la terre et en tirer de l'or, et on en trouva en telle abondance, que l'on en transporta plusieurs tonnes de l'Australie en Europe et en Amérique. A deux endroits seulement, Mount-Alexander et Ballarat, dans le district de Victoria, on avait trouvé plus de deux millions d'onces d'or avant la fin de l'année suivante.

Depuis lors, Bathurst, Melbourne, Victoria, Geelong et plusieurs autres villes ont beaucoup augmenté en étendue et en population; en même temps des hameaux et des villages se sont aussi élevés rapidement : Forest-Creek, Bingara, Ballarat, Mount-Alexander, Ophir et Turon.

Le matelot dont je vous ai parlé me raconta
ainsi qu'il suit ses aventures aux mines qu'il avait
visitées.

« Si un homme a la bonne volonté de travailler
et qu'il ait un peu de patience, il peut trouver
de l'or; mais pourra-t-il le conserver? c'est là la
question. J'en ai cherché à Forest-Creek, à Mount-
Alexander et à Ballarat, qui se trouvèrent être de
bons endroits.

» A Forest-Creek, je travaillai de compagnie
avec deux ou trois camarades de table, qui étaient
convenus de partager également avec moi ce que
nous trouverions; mais lorsque je commençais à
devenir riche et que je pensais à me retirer, mes
deux coquins de camarades me dépouillèrent de
tout ce que j'avais, et s'enfuirent en emportant le
fruit de mes travaux avec ce qu'ils avaient trouvé
eux-mêmes. Peut-être un de ces deux aura-t-il
tué l'autre pour s'approprier le trésor tout entier.

» A Mount-Alexander, je travaillai seul, étant
payé pour ne plus vouloir d'associés, et je devins
riche une seconde fois. Dix ou douze autres chercheurs d'or avaient été aussi heureux que moi,
et nous convînmes de nous en aller ensemble avec
notre trésor et de nous porter mutuellement se-

cours si nous étions attaqués. Vers le coucher du
soleil, quand nous étions tous assis sur le gazon
pour manger quelque chose, chacun de nous ayant
une épée à côté de lui, une décharge de plusieurs
fusils se fit entendre, partant d'ennemis cachés.
Ceux d'entre nous qui n'étaient pas blessés se saisirent de leurs épées, se relevèrent précipitamment
et coururent à la poursuite des assassins, laissant
la charrette qui contenait notre or à la garde de
deux hommes de notre compagnie; mais à peine
eûmes-nous abandonné la place, que plusieurs mal-
faiteurs, appartenant à la troupe de ceux qui avaient
tiré sur nous, sortirent d'un côté opposé du bois,
s'emparèrent de la charrette et se retirèrent avec
leur butin.

» Je travaillai ensuite dans le Canadian-Gully,
à une lieue de Ballarat. La place était excellente,
on y avait déjà trouvé une grande quantité d'or;
j'en trouvai aussi, et j'arrivai en sûreté à Melbourne; mais ce qui est venu facilement s'en va
de même : à Melbourne, je trouvai d'anciennes connaissances qui m'entraînèrent d'une dépense dans
une autre jusqu'à ce que je fusse devenu aussi
pauvre qu'un rat.

» Pour réussir comme chercheur d'or, il faut
avoir à la fois du bonheur et une bonne conduite;

j'avais l'une, mais je n'eus pas l'autre. Tout compte fait, je gagne autant à être matelot, et c'est plus agréable. »

La terre de Van-Diémen a été découverte par les Hollandais en 1644. Vous la trouverez sur la carte, au sud de l'Australie, auprès de laquelle elle paraît bien petite. Hobart-Town en est la capitale. Les natifs de Van-Diémen sont encore plus cruels et plus barbares que ceux de l'Australie.

Le pays produit du blé, de l'huile, du bois, de l'écorce pour la tannerie, des laines et de nombreux troupeaux.

C'est là et à Sidney que les criminels anglais ont été conduits pendant bien des années. Mais souvent ils s'enfuyaient et vivaient dans les parties les plus éloignées de l'île, sortant de temps à autres pour voler et assassiner. Maintenant ils sont presque entièrement réprimés.

Il est intéressant de suivre les progrès d'une colonie. D'abord, l'endroit est découvert par un navigateur. Ensuite, quelques personnes vont s'y établir; ce lieu acquiert quelque importance, et un gouvernement quelconque le prend sous sa protection, l'explore, l'examine, pour en connaître les ressources. On y envoie des fermiers, des agricul-

teurs, des ouvriers et des officiers du gouvernement. Des maisons et des édifices publics s'y
élèvent. La colonie s'étend, le bien-être s'accroît;
on imprime des livres, on publie un journal; le
commerce prend de l'activité, et plus ou moins
vite, la prospérité se répand partout.

C'est ainsi que, depuis plus de deux siècles, des
lieux inconnus jusque-là ont été découverts, des
villes se sont élevées et peuplées, et la civilisation s'est étendue sur les pays même les plus sauvages. Je dis sur les pays, non sur les peuples,
parce que l'expérience a prouvé que les habitants
primitifs des contrées dans lesquelles s'introduit la
civilisation, disparaissent toujours insensiblement
pour faire place aux nouveaux venus, lors même
qu'on ne peut reprocher à ceux-ci d'avoir rien fait
pour les détruire. C'est une question très-intéressante à approfondir, mais tout à fait au dessus de
la portée de votre âge.

On donne le nom de Polynésie à la réunion des
îles nombreuses qui forment un groupe circulaire
dans la mer Pacifique, à l'est des Philippines. Le capitaine Cook, célèbre navigateur anglais, fut tué
par un des naturels de l'île d'Owhyhee, qui en
fait partie; ce fut un grand malheur.

La Nouvelle-Zélande est dans l'océan Pacifique,

à l'est de la terre de Van-Diémen. Ce sont en effet deux îles séparées par un détroit fort large. L'île septentrionale est la plus fertile; elle contient des forêts très-étendues, et chaque vallée est arrosée par des ruisseaux d'eau douce. Les pommes de terre et les cocos y croissent en abondance; mais la production la plus remarquable est ce qu'on appelle le *phormium tenax*, espèce de lin que l'on commence à employer pour faire les tissus. La partie la plus méridionale est montagneuse et stérile; les côtes sont boisées. Les habitants de la Nouvelle-Zélande sont forts et bien faits, et les femmes gracieuses. Ils teignent leurs corps de taches noires comme les Otaïtins tatouent les leurs. Il n'y avait d'autres quadrupèdes que des chiens et des rats, avant que les Européens y introduisissent plusieurs espèces d'autres animaux.

Les Français ont essayé d'y établir une colonie; mais, contrariés dans leur projet par les Anglais, ils furent obligés d'y renoncer. Par contre nous avons un établissement assez prospère dans les îles de Tahiti, dont les habitants ont été convertis à la religion chrétienne au commencement du XIXe siècle. En 1841, elles se placèrent sous la protection de la France, et depuis, la reine Pomaré nous a presque complétement abandonné ses droits. Ces îles sont fort fréquentées par les vaisseaux européens.

En terminant, faisons des vœux, mes enfants, pour que les différents peuples de la terre, qui tous reconnaissent une divinité, mais qui l'honorent de tant de manières, souvent cruelles, coupables ou ridicules, se réunissent un jour dans un seul et même sentiment pour adorer le vrai Dieu et lui rendre le culte qui lui convient. Tâchons aussi de montrer par nos vertus, notre charité, notre douceur, que nous avons le bonheur de posséder la vérité tout entière, et prions de tout notre cœur pour qu'elle se manifeste à ceux qui ne la connaissent pas encore. »

Assurément les entretiens et les récits du bon oncle Charles n'avaient pas été seulement intéressants pour les enfants de son frère, ils avaient encore contribué au développement de leur esprit et de leur caractère, et ces deux derniers mois avaient opéré en eux un changement si favorable, que M. Maurice de Mareuil en fut frappé à son retour.

Il y avait plus d'union entre le frère et les deux sœurs ; ils se communiquaient plus volontiers leurs pensées, et cédaient plus facilement aux réflexions et aux observations les uns des autres. Paul causait avec Louise, parce que Louise consentait à maîtriser son étourderie, pour l'écouter et lui répondre, quand il parlait de choses un peu sérieuses. Comme elle était plus âgée que lui et tout aussi intelligente, elle avait naturellement un avantage dont elle commençait à vouloir bien profiter pour se rendre utile à son frère et à sa sœur. La petite contrainte qu'elle avait eu le mérite de s'imposer pour rendre plus intelligibles à Jeanne les récits de leur oncle, lui avait fait comprendre et sentir le bonheur d'employer au profit de sa petite sœur la prépondérance que lui donnait le droit d'aînesse, et maintenant elle s'occupait d'elle avec un véritable plaisir. D'un autre côté, la tendresse de Jeanne pour Louise avait pris un caractère presque filial, et c'était avec autant de confiance que d'affection qu'elle se tournait vers cette sœur aînée, dont elle apprenait tant de choses, et qui prenait tant d'intérêt à ses petits progrès. Il faut ajouter aussi que Louise prêchait d'exemple ; qu'elle était devenue plus studieuse, plus réfléchie, plus douce, et que la religion commençait à exercer sur son humeur une plus puissante influence.

C'était une heureuse famille. M. Charles de Mareuil ne comprenait plus le bonheur que dans ces douces réunions qu'il avait à peine connues jusque-là, et son frère vit avec joie que, pour cette fois, c'était bien sérieusement qu'il renonçait à sa vie aventureuse.

Le mois de décembre avançait vers sa fin, et le bon oncle prépara pour le jour de Noël, une petite fête qui devait *exemplifier* (comme on dit en anglais) de la manière la plus agréable, pour son neveu et ses nièces, un usage de l'Allemagne, dont il leur avait parlé dans ses récits sur l'Europe.

Il obtint de sa belle-sœur que dès la veille de Noël l'entrée du salon fût interdite à ses enfants et même qu'on en fermât soigneusement les portes.

Grande surprise dans la famille à cette singulière prohibition! D'autant plus que plusieurs allées et venues s'étaient dirigées de ce côté, sans qu'on pût en connaître la cause, et que toutes les questions à ce sujet étaient restées sans réponse.

Le beau jour de Noël arrivé, les devoirs religieux avaient été pieusement remplis, mais non sans quelque distraction, et pendant le dîner le frère et les deux sœurs échangeaient de fréquents regards, car c'était en sortant de table que le salon devait être ouvert et le mystère dévoilé. Vers la la fin du repas, l'impatience devint telle qu'il n'était presque plus possible de la contenir. A peine Mme de Mareuil eut-elle fait un léger mouvement que, sans attendre le signal du départ, les enfants se levèrent impétueusement et se précipitèrent vers la porte du salon en riant et piétinant. L'oncle souriait malignement et prolongea un instant leur attente ; mais enfin, il tourna deux fois la clef dans la serrure, et il ouvrit les deux battants de la porte.

Tout le salon était splendidement éclairé ; mais ce qui ravit les enfants, ce fut la vue d'un bel arbre, placé sur la grande table du milieu, et dont les branches, ornées de girandoles, portaient de petites bougies allumées de toutes les couleurs. Aux mêmes branches étaient suspendus de jolis objets de tous genres : bonbons brillants, petits bijoux, boîtes élégantes et légères, surprises diverses, etc., etc. Puis, sur la table, autour de l'arbre, étaient rangées les choses de plus de poids et de plus de volume, portant chacune sur une étiquette le nom de la personne à laquelle elle était destinée.

La surprise et l'admiration étaient à leur comble, et chaque enfant le manifestait à sa manière. Louise sautait, riait, gesticulait. Paul faisait le tour de la table et regardait tout, jetant de temps en temps sur son oncle des regards affectueux et reconnaissants. Quant à la petite Jeanne, après avoir jeté les yeux sur l'arbre merveilleux, et poussé quelques cris d'admiration, elle s'élança d'un bond au cou de son oncle.

— Mais, dit M. de Mareuil, tu ne sais pas encore s'il y a quelque chose pour toi.

— Oh si, je le sais bien! » s'écria-t-elle.

En ce moment, la porte du cabinet de M. Maurice de Mareuil s'ouvrit, et quelques parents et amis, qui avaient été secrètement invités, furent introduits dans le salon. Tout alors ne fut plus que joie et confusion : on admirait l'arbre et tout ce qu'il portait; on lisait surtout avec un pressant intérêt les noms écrits sur les étiquettes, et tout le monde y trouva le sien, tant sur les jolis objets suspendus aux branches de l'arbre que sur ceux dont la table était chargée. Grand et délicieux album, charmant baby, habillé comme un *vrai* enfant, et ouvrant et fermant les yeux; beau télescope, livre intéressant et magnifiquement relié, vues de Suisse et d'Italie, élégante boîte à ouvrage, etc., etc. : il y avait de tout, et personne n'était oublié. Les goûts ayant été adroitement

consultés, tout le monde fut content de son lot
et véritablement touché des gracieuses attentions
et de l'aimable générosité de M. Charles de Mareuil.

— Voilà, mes enfants, dit celui-ci à ses nièces
et à son neveu, l'usage qui existe dans les familles
de l'Allemagne. J'ai préféré prendre le jour de
Noël; mais c'est ordinairement la veille que l'on
se réunit et que l'on offre de cette manière les
cadeaux que nous faisons ordinairement le premier
jour de l'an. Rien n'est plus gai ni plus joli; c'est
une joie universelle. Mais beaucoup de personnes
s'en procurent une plus profonde et plus douce
encore, en envoyant dans les familles indigentes,
comme cela se pratique en Angleterre, de quoi
faire un bon repas le jour de la grande fête de
Noël, et en y joignant quelques jouets pour les
pauvres petits enfants qui en sont privés toute
l'année.

— Ah! le beau jour, la belle fête! » s'écria
Louise. « Maman, voulez-vous nous permettre de
donner des joujoux aux petits enfants qui n'en
ont pas, et d'envoyer quelque chose à leurs pauvres
parents?

— Oui, ma chère fille, dit Mme de Mareuil atten-
drie en l'embrassant. Jouissez tous aujourd'hui des

bontés de votre oncle, et demain nous cherche-
rons ensemble les moyens de lui prouver que ses
récits et les leçons qu'il en a su tirer ont laissé
dans vos cœurs des impressions bienfaisantes et
durables. »

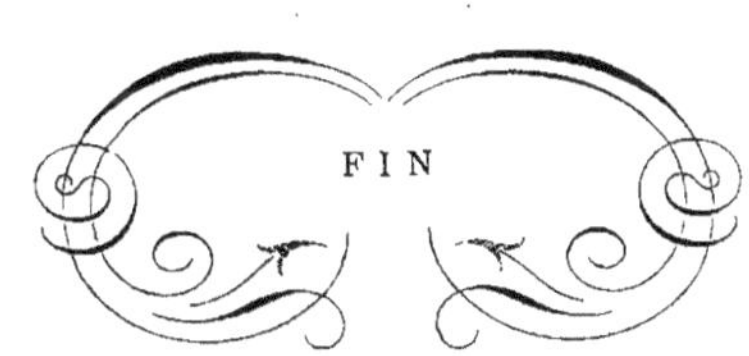

TABLE

— LILLE. — TYP J. LEFORT. M D CCC LX VIII. —